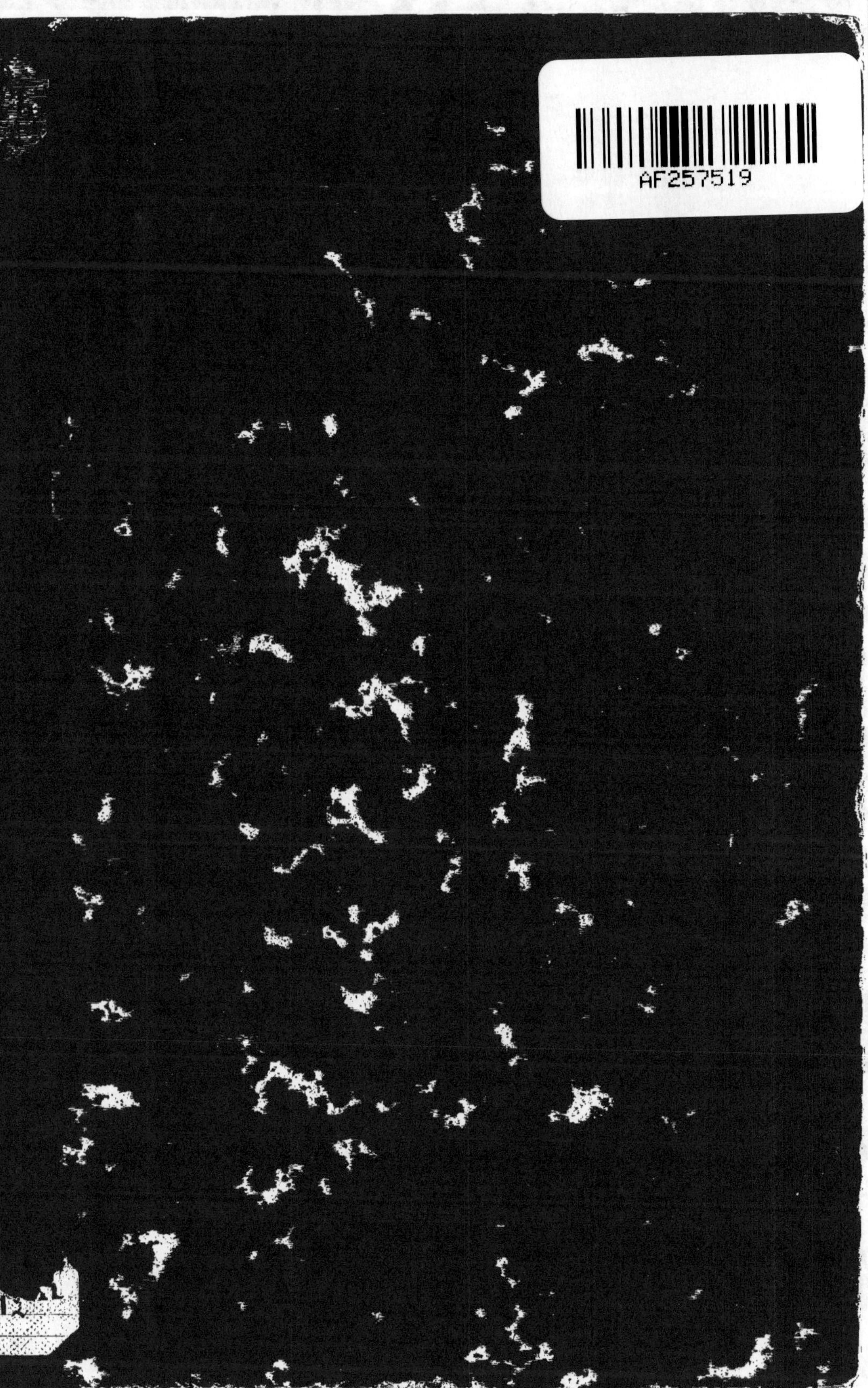
AF257519

LE VENGEUR

ET

LA BELLE-POULE

PAR J.-M. CAYLA.

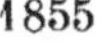

Prix : 50 cent.

PARIS

HIPPOLYTE BOISGARD, LIBRAIRE-ÉDITEUR, 13, RUE SUGER

1855

HISTOIRE DES VAISSEAUX

Mise à l'eau de la *Belle-Poule*. — Page 5, col. 2.

LA BELLE-POULE

PRÉLIMINAIRES.

Dans l'ouvrage que nous publions, il y a plus qu'un simple intérêt historique; nos lecteurs y trouveront les dévouements les plus héroïques, des traits d'abnégation surhumaine, des récits de batailles navales, de combats particuliers; des tableaux de voyages entrepris soit pour porter aux extrémités du monde les nobles couleurs du pavillon national, soit pour enrichir le domaine des sciences et des arts par les découvertes les plus utiles, les plus intéressantes.

Quant à nos marins, ils pourront y puiser des sujets d'émulation, de confiance, en suivant, dans sa longue carrière, chaque vaisseau à antécédents glorieux. Nous ferons ainsi revivre, dans nos escadres, le souvenir de ces nobles vétérans qui sillonnèrent fièrement toutes les mers, parés des couleurs françaises ; nous les montrerons au milieu des éclairs de l'orage, des vagues soulevées par la tempête, sous le feu de l'artillerie ennemie, toujours calmes, toujours intrépides et obéissants, comme des êtres animés, à la voix de leurs commandants.

Nos régiments portent inscrits sur leurs drapeaux les noms des combats mémorables auxquels ils ont pris part : ils ont leur histoire particulière, des traditions non interrompues de gloire et de vaillance. On peut suivre leurs annales jusqu'aux époques mémorables où furent réellement organisées les armées françaises. On a écrit l'histoire des citadelles, des plus petits forts, des siéges qu'ils ont soutenus.

Et nos vaisseaux, citadelles flottantes qui ont porté et glorifié le nom de la patrie sous tous les cieux et sous tous les climats, attendent encore un historien pour compulser leurs faits d'armes, exhumer en quelque sorte les noms de leurs intrépides commandants des volumineux dossiers de nos victoires et de nos désastres maritimes.

Certes, nous n'avons pas la prétention de remplir cette immense lacune ; il faudra pour cela plus d'une génération d'écrivains. Mais nous aurons du moins l'honneur de suivre, les premiers, sous tous les tropiques, nos vaisseaux de haut bord, nos frégates, nos corvettes, nos bricks, dont les noms sont restés, jusqu'à ce jour, ensevelis, dans la poussière des archives officielles ou perdus dans l'histoire générale de nos grandes guerres.

Nous avons tout lieu de croire que notre œuvre sera favorablement accueillie par tous les amis sincères de notre gloire nationale, surtout si on en considère la portée, le but et les obstacles que nous avons dû surmonter.

Les Français, quoiqu'ils ne soient pas insulaires comme les Anglais, ont toujours aimé la mer et la navigation avec une passion instinctive. Le vaisseau qui figure dans le vieux blason de Paris témoigne historiquement de l'enthousiasme qu'ont toujours excité chez nous les voyages lointains à travers l'immensité de l'Océan.

Nos marins ont poétisé la navigation et les guerres navales. Pour eux, le vaisseau est aussi cher que le toit paternel.

« L'Arabe, dit M. Coquereau (1), s'attache à sa cavale, parce qu'elle entend sa voix, que ses naseaux s'enflamment au sifflement de la flèche ou au bruit du canon. Ainsi, pour le marin est la frégate : il la connaît, son nom est glorieux, il fut consacré par un baptême de sang ; il sait comment, un jour de tempête ardente, elle luttera contre les lames : c'est sur son pont qu'il a assisté à ces grandes scènes qu'il est donné au marin de voir seul, la lutte des éléments déchaînés. Avec elle, il a promené partout son pavillon ; par elle, il l'a fait glorifier ou respecter, et s'il a fallu le venger, il l'a vue au feu, sa frégate, rugissante, se débattant dans un effroyable duel, vomissant la mort, présentant à l'ennemi ses flancs sans s'occuper du boulet qui percera sa coque, de l'abîme dans lequel elle tournoiera, du feu, de l'incendie qui va dévorer ses agrès et ses voiles. Dites maintenant, en la voyant agir, si le marin doit aimer sa frégate ? »

Oui, il y a dans la vie maritime quelque chose de grand, d'immense comme l'Océan. Aussi avons-nous longtemps hésité devant la tâche que nous nous étions imposée. Mais la richesse inépuisable ou plutôt la sublimité du sujet a dissipé notre découragement momentané, et nous avons continué résolûment notre œuvre.

M. le ministre de la marine et des colonies a bien voulu nous venir en aide en nous autorisant à puiser au riche dépôt des archives de son ministère les documents qui nous manquaient, et nous avons trouvé dans les divers bureaux un accueil qui nous a inspiré la plus profonde gratitude.

Nous allons donc écrire l'histoire de tous les vaisseaux célèbres dans nos annales maritimes. La moisson de la gloire est si abondante, que nous avons dû nous limiter à un choix pour ne pas dépasser les limites qui nous sont prescrites. Nous nous bornerons donc aux vaisseaux réellement historiques.

Les annales de chaque bâtiment comprendront l'époque de sa construction, ses changements de noms, ses campagnes, ses voyages, ses stations, les biographies des capitaines qui l'ont commandé, les traits d'héroïsme de ses marins ; en un mot, nous l'envisagerons comme un héros dont nous aurions à écrire la biographie.

A côté d'un vaisseau ancien, nous placerons un vaisseau moderne : la *Belle-Poule* à côté du *Vengeur*, la *Ville-de-Paris* à côté de *l'Océan*, le *Henri IV* à côté du *Tonnant,* etc., etc.

Nous relierons ainsi le passé au présent, la gloire des pères aux beaux faits d'armes de leurs enfants. Les noms de Villaret-Joyeuse, de Baudin, de Bruix, de Duperré, de Dupetit-Thouars, de Joinville et de Villeneuve, se trouveront mêlés et confondus avec ceux de Lapeyrouse et de Dumont-Durville, si célèbres parmi les navigateurs.

Puisse notre ouvrage raviver dans tous les cœurs l'amour de notre pavillon si respecté et si redouté de tous les peuples du monde, et perpétuer le souvenir des héros de notre marine !

(1) Souvenirs de Sainte-Hélène, p. 149.

LA BELLE-POULE

Nous avons choisi la frégate la *Belle-Poule* pour figurer en tête de nos monographies maritimes, parce que le nom de ce bâtiment se rattache à un acte de réparation qui eut un retentissement immense dans toute l'Europe, à la translation des restes mortels de l'empereur Napoléon Ier, de l'île Sainte-Hélène.

D'ailleurs, il y a toujours eu, de temps immémorial, des frégates de ce nom dans la marine française.

Remontons seulement au règne de Louis XVI, à la guerre de 1778.

Par le traité de 1763, dit **M.** Chassériau (1), l'Angleterre avait trop abusé de la victoire pour que la France n'aspirât pas à se relever à ses propres yeux et dans l'estime des nations. Une occasion solennelle se présenta. L'Angleterre avait entrepris la dernière guerre pour ajouter le Canada à ses immenses possessions de l'Amérique septentrionale. Il se trouvait que ces mêmes possessions, lassées de sa domination, venaient de pousser un cri d'indépendance en tendant les bras vers la France.

Informé qu'un projet d'accommodement se négociait entre l'Angleterre et l'Amérique contre la maison de Bourbon, le cabinet de Versailles crut devoir enfin céder au vœu de l'opinion publique; un traité de commerce fut signé entre la France et les nouveaux États récemment constitués de l'Union américaine, février 1878 (2). C'était reconnaître l'indépendance de l'Amérique. Le rappel immédiat de

l'ambassadeur d'Angleterre fut le signal de la rupture entre cette puissance et l'Angleterre, presque immédiatement suivi d'un embargo prononcé par les deux gouvernements, au grand préjudice de l'une et l'autre nation.

Depuis la dernière guerre, ajoute M. Chassériau, guerre qui avait été si favorable à l'agrandissement colonial de l'Angleterre, le commerce et la marine de cette puissance avaient pris un immense développement. De son côté, la marine française s'était peu à peu relevée d'une funeste décadence; mais seule elle allait de nouveau s'attaquer à son ancienne et puissante rivale.

Le gouvernement britannique mit sur pied ses milices, s'entoura d'un rempart mobile de cinquante vaisseaux sous voiles, et se tint sur la défensive. La France, au contraire, prit tout d'abord une attitude offensive. Le maréchal de Broglie, investi du commandement du littoral de l'Océan, réunit sous ses ordres soixante bataillons et quarante escadrons prêts à effectuer une descente.

La frégate la *Belle-Poule*, commandée par M. de La Clocheterie, prit une large part à la glorieuse série de faits d'armes de cette guerre politique et savante, si féconde en traits d'héroïsme. Sommée, par l'*Aréthusa*, de force bien supérieure, de ranger à poupe l'amiral Keppel, la *Belle-Poule* s'y refusa et reçut la bordée de la frégate ennemie. Un combat acharné s'engagea et dura près de six heures. La *Belle-Poule* fit si bonne contenance, riposta si bien au feu des Anglais, que ceux-ci la laissèrent maîtresse du champ de bataille. 17 juillet 1778. Elle inaugura de la manière la plus brillante la guerre maritime qui commença en 1778 et fut conduite avec

(1) Précis historique de la marine française, tom. 1er.

(2) De Longchamps, Histoire impartiale de la guerre de 1778.

tant de bravoure par La Galissonnière, le comte d'Estang et le jeune Du Couëdic.

Ce combat, dit le contre-amiral Kerguelen, fut le premier et l'un des plus brillants de la guerre. Le 17 juin, à 10 heures, M. de La Clocheterie, lieutenant de vaisseau, commandant la *Belle-Poule*, frégate de vingt-six canons de douze, eut connaissance, du haut des mâts, de plusieurs bâtiments ; à dix heures et demie, il soupçonna que ce pouvait être une escadre anglaise. Peu après, il en eut la certitude, et compta jusqu'à vingt bâtiments de guerre ; alors il fit virer de bord et prit chasse ; une frégate et un sloop, qui avaient l'avantage sur lui, le poursuivirent et l'atteignirent. Il fut hélé en anglais et ne répondit pas. A six heures et demie, la frégate française se trouva par le travers de la frégate ennemie à la portée du pistolet. Le commandant de cette dernière frégate héla en français celui de la *Belle-Poule*, et lui dit qu'il fallait aller trouver son amiral.

— Ma mission ne me permet pas de faire cette route, répondit fièrement La Clocheterie.

— Venez, vous dis-je, répliqua l'Anglais, ou je vous envoie toute ma bordée.

Le commandant français ne daigna pas même répondre à cette seconde injonction.

Le combat s'engagea à six heures et demie du soir, dans un moment où la faiblesse du vent permettait à peine de gouverner. Il dura jusqu'à onze heures et demie, toujours à la portée du pistolet. La frégate anglaise, bien qu'armée de vingt-huit canons de douze, se trouva si maltraitée qu'elle ne put continuer le combat, profita du vent qui s'était élevé, arriva vent arrière et replia sur son escadre. Dans cette position, elle essuya, sans riposter, plus de cinquante coups de canon. La Clocheterie ne pouvait poursuivre son avantage sans courir risque de tomber au milieu des ennemis ; il se réfugia dans des rochers près de Plouascat, pour y réparer son bâtiment.

Le lieutenant de vaisseau, Green de Saint-Marsault, périt, ainsi que vingt-neuf hommes de l'équipage, dans cette glorieuse action.

L'Angleterre, inquiète des résultats d'une lutte de jour en jour plus acharnée, fit les plus grands efforts pour accroître sa flotte qui comptait, au commencement de l'année 1780, trois cent quatre bâtiments, dont quatre-vingt-neuf vaisseaux de ligne, treize de cinquante canons et quatre-vingt-dix-neuf frégates. Néanmoins, les chances continuèrent d'être balancées entre les deux puissances.

Le comte de Guichen, avec vingt-deux vaisseaux, attaqua l'amiral anglais, Roduey, près de la Dominique, et le força à prendre la chasse. Renforcé d'une division de cinq frégates, il rejoignit l'ennemi, lui livra deux nouveaux combats en conservant toujours l'avantage. 19 et 20 mai 1780.

La *Belle-Poule*, armée de vingt-six canons, et commandée par le chevalier de Kergarion, digne successeur de La Clocheterie, combattit glorieusement le *Nonsuch*, vaisseau anglais de soixante-quatorze canons. La lutte fut vive de part et d'autre. L'intrépide Kergarion semblait se multiplier et se trouvait partout. Son artillerie vomissait la mort et causait de grandes avaries à l'ennemi. La plupart des officiers étaient morts au poste de l'honneur ; Kergarion, lui-même, tomba blessé mortellement.

— Lamotte-Tabourel, dit-il à un officier auxiliaire, je n'ai plus que quelques instants à vivre ; prends le commandement de la frégate, et fais-toi sauter plutôt que de te rendre.

— Oui, commandant, répondit Lamotte-Tabourel.

— Voilà une bonne bordée, s'écria Kergarion, qui suivait encore de l'œil les manœuvres des canonniers. Vive le roi ! vive la France !

Et il resta inanimé sur le pont démâté, jonché de morts et de mourants.

Le combat dura encore une heure. La *Belle-Poule*, percée, criblée comme une écumoire, coulait bas ; l'équipage obéissait encore à la voix de Lamotte-Tabourel ; mais il ne restait plus qu'un très-petit nombre d'hommes, et la vaillante frégate se rendit enfin à sa formidable antagoniste. 1780 (1).

Ce nom avait acquis une grande célébrité dans les annales de la marine. A la *Belle-Poule* de 1780 succéda, en l'an IX de la République, une autre frégate qui devait mériter ce glorieux baptême en marchant sur les traces de son aînée.

En 1803, la *Belle-Poule* prit part à la belle campagne de l'amiral Linois, dans les mers de l'Inde. Linois fit sa première sortie de l'Ile-de-France, le 8 octobre, avec le *Marengo*, la *Belle-Poule*, la *Sémillante* et la corvette le *Berceau*. Ces bâtiments portaient des troupes destinées à renforcer les garnisons de l'île de la Réunion et de Batavia.

Le 14 février, au matin, le *Marengo* était mouillé près de Poolo-Aor, avec le *Berceau* et l'*Aventurier* ; la *Belle-Poule* et la *Sémillante* s'étant tenues sous voiles toute la nuit, se trouvaient sous le vent, ayant été dressées par les courants. Les vigies annoncèrent des voiles au nombre de plus de vingt. L'intention de Linois étant d'éviter un combat de nuit, il gouverna pour tâcher de gagner le vent au convoi qui resta en panne et les feux allumés.

Le lendemain, au jour, on compta vingt-sept voiles dans la flotte anglaise. Le *Marengo* échangea quelques coups de canon avec l'ennemi, et l'amiral se décida à retourner à Batavia, dans le but d'y faire reposer ses équipages affaiblis par les maladies. Il se dirigea ensuite sur l'Ile-de-France, où il arriva le 2 avril 1804. La *Belle-Poule* et l'*Atalente*, dont il s'était séparé au détroit de la Sonde, pour les envoyer croiser sur les côtes de Sumatra et de l'Inde, rentrèrent quelques jours après, amenant avec elles une prise estimée six à sept millions. Il résulte de cette campagne, dit M. Hennequin (2), que l'amiral Linois, tout en ayant manqué le but principal, qui était la prise du convoi de la Chine, insuccès qui ne doit être attribué qu'au petit nombre de forces qu'il commandait, fit éprouver aux Anglais des dommages évalués à plus de vingt millions.

Dans les premiers jours de juin, Linois entreprit

---

(1) Kireguelen, Histoire de la guerre maritime de 1778 ; Chassériau, Précis historique de la marine française.

(1) Biographie maritime.

une nouvelle croisière, et partit du port nord-ouest avec le *Marengo*, l'*Atalente* et la *Sémillante*; pendant vingt-quatre jours, il croisa dans le sud-est, à trente lieues de l'île de Ceylan, où il avait assigné le rendez-vous à la *Psyché* et à la *Belle-Poule*, qui n'avaient pu sortir avec lui de l'Ile-de-France; il rentra dans la rade de cette île le 4 novembre, après une campagne de quatre mois et demi.

Les réparations du *Marengo* se trouvant terminées, et ayant pris pour six mois de vivres, Linois appareilla avec la *Belle-Poule*, le 22 mai 1805, pour entreprendre une troisième croisière; il alla l'établir à l'entrée de la mer Rouge, et ensuite sur la côte de Ceylan; chemin faisant, il attaqua dix vaisseaux de la compagnie des Indes, tous armés et escortés par un vaisseau de quatre-vingts; mais il dut quitter le combat, et il se dirigea vers le cap de Bonne-Espérance, où il arriva le 17 septembre.

Le 10 novembre suivant, le *Marengo* et la *Belle-Poule* mirent à la voile et allèrent établir une croisière près de l'île Sainte-Hélène; il y apprit, par un navire américain, le 29 janvier 1806, que le cap de Bonne-Espérance avait été pris par les Anglais, et qu'une forte escadre était à sa poursuite dans les parages même où il croisait.

L'amiral Linois, manquant de vivres, d'agrès, et n'ayant pas un seul port où il pût s'en procurer, il ne lui restait plus d'autre parti à prendre que de faire voile pour France. Le 17 février 1806, le *Marengo* coupait la ligne pour la douzième fois depuis son départ de Brest; les équipages étaient réduits à une faible ration, afin de conserver assez de vivres pour le trajet qui leur restait à faire.

Dans la nuit du 13 au 14 mars, étant par 26° de latitude nord et 32° de longitude ouest, le *Marengo* et la *Belle-Poule* tombèrent inopinément dans une escadre de sept vaisseaux, deux frégates et une corvette, commandée par l'amiral sir John Warren. Enveloppé par des forces aussi supérieures, le brave Linois fit de vains efforts pour leur échapper. Le 14, à cinq heures du matin, le *London*, de cent-dix canons, se trouvait à portée de voix du *Marengo*; Linois commença le feu et manœuvra pour aborder ce vaisseau; mais celui-ci l'évita en laissant arriver.

On se battit de part et d'autre avec acharnement, à portée du pistolet; enfin, le *Marengo*, entouré par quatre vaisseaux qui le canonnaient depuis plus d'une heure, se vit obligé d'amener son pavillon.

La *Belle-Poule* éprouva le même sort; mais, avant de succomber, son capitaine, Bruilhac, eut, à la vue de l'escadre anglaise, un combat particulier avec une frégate de sa force, qu'il contraignit à la retraite après l'avoir rudement maltraitée. Dans cet engagement, la *Belle-Poule* eut six hommes tués et vingt-quatre blessés. La frégate l'*Amazone* s'était aussi portée contre la *Belle-Poule*, et les couleurs françaises ne furent amenées qu'à l'approche du *Foudroyant*, autre vaisseau ennemi.

Le gouvernement de la Restauration, qui se préoccupa beaucoup de rétablir la marine française, si cruellement décimée par plus de vingt années de combats contre des forces supérieures, ordonna, en

1828, la mise en chantier d'une nouvelle frégate qui devait porter le glorieux nom de *Belle-Poule*. La grande bataille de Navarin venait de raviver les souvenirs des brillants exploits de nos anciens amiraux. Le jeune lieutenant de vaisseau Bisson, commandant le brick pirate *Panayoti*, récemment capturé, s'était fait sauter plutôt que de se rendre à des forbans, 4 novembre 1827, et son héroïsme laissait bien loin tous les dévouements historiques qui nous ont été transmis par les annales des grandes nations. Tous les esprits se tournaient vers la marine, et le pavillon français abritait et protégeait la Grèce redevenue libre, et qui, depuis, n'a pas su profiter de son indépendance.

Commencée à Cherbourg, le 1ᵉʳ avril 1828, sous le ministère du baron Hyde-de-Neuville, la *Belle-Poule* ne fut terminée et mise à l'eau qu'en 1834 (26 mars). Elle resta dans le port jusqu'en 1839; elle fut alors armée par décision de l'amiral Duperré, ministre de la marine (25 juillet).

L'Orient, terrain brûlant des discussions diplomatiques, venait d'ouvrir une phase nouvelle aux protocoles des chancelleries. La convention du 27 juillet, qui semblait assurer l'unité du concert européen, n'avait été, au contraire, qu'une nouvelle occasion de discorde. Ce contrat, signé en commun, était devenu une source d'aigreurs et de méfiances. Bientôt le bombardement de Beyrouth, par les flottes alliées, porta la consternation aux Tuileries.

Une escadre française, sous le commandement de l'amiral Lalande, fut envoyée en Orient. Mais, pendant que les vaisseaux anglais criblaient la ville de Beyrouth de boulets et de projectiles, notre escadre était reléguée à Salamine, condamnée à l'inaction, réduite à la nullité, trop éloignée du théâtre des événements pour protéger nos alliés. Si cette flotte eût conservé sa première station, les canons, ainsi que le disait l'amiral Lalande, les canons seraient partis d'eux-mêmes, et nos marins eussent foudroyé les auteurs de la plus injuste des agressions.

Les événements ni l'appréciation de cette guerre ne doivent point entrer dans notre cadre; aussi nous bornerons-nous à dire que le prince de Joinville, nommé au commandement de la *Belle-Poule*, partit au mois de juin de Toulon avec sa frégate pour rallier la flotte de la Méditerranée. Le prince s'était déjà distingué au siége de Saint-Jean-d'Ulloa, et son nom avait acquis une certaine popularité parmi les marins.

Le 20 septembre 1839, les escadres françaises et anglaises étaient à Biséka, où elles faisaient des exercices continuels de manœuvre et de canonnage. Le *Ramier* venait de mouiller à Ténédos, le 17, au moment même où l'amiral Lalande passait l'inspection de sa division. Cet amiral était à bord de l'*Hercule* quand le *Ramier* arriva. Aussitôt il fit donner l'ordre à ce paquebot de ne pas mouiller et de se tenir prêt à continuer sa route pour Constantinople.

Le prince de Joinville venait de prendre le commandement de la *Belle-Poule* qui était arrivée à Bésika quatre jours avant le *Ramier*.

La flotte française se composait alors de neuf vaisseaux, deux frégates, un brick, une goëlette et deux bateaux à vapeur.

Le 25 octobre, la frégate la *Belle-Poule* mouillait à Thérapia. Le 2 novembre, le prince de Joinville, reçu officiellement par le sultan Mamoud II, visitait les monuments de Constantinople, accompagné de tous les officiers de sa belle frégate.

Dans l'incendie qui éclata le 17 novembre à Constantinople, au quartier de Tophana, les officiers et les marins de la frégate la *Belle-Poule*, qui s'étaient déjà faits remarquer au milieu des maisons embrasées du vaste faubourg de Péra, offrirent leur concours aux autorités musulmanes. Pendant tout le temps que dura le feu, ils montrèrent l'activité la plus louable, et ne se retirèrent que sur l'invitation du pacha de Tophana, c'est-à-dire quand il n'y avait plus aucun nouveau danger à redouter.

Le prince de Joinville partit le 27 avec sa frégate pour aller rejoindre l'escadre française au mouillage d'Ourlac. Les vaisseaux l'*Hercule*, le *Jupiter* et le *Trident*, le brick la *Comète* avec le steamer le *Papin* entrèrent seuls dans la rade où se trouvaient déjà le vaisseau le *Triton* et le brick le *Bougainville*.

Le 6 décembre, la *Belle-Poule* relâchait aussi dans le port de Smyrne. Le prince de Joinville, malgré les instances du gouverneur, ne resta que trois jours et fit voile pour Ourlac. Le 25, la *Belle-Poule* rentrait à Toulon, où elle fut soumise à une quarantaine de vingt-cinq jours. La frégate avait été désignée pour faire partie de l'escadre de réserve de Toulon.

Tout à coup on annonça que l'orage soulevé par le traité du 15 juillet 1840, était conjuré ; l'amiral Duperré, désigné pour prendre le commandement d'une armée navale dans la Méditerranée, fut appelé au département de la marine et des colonies.

Le prince de Joinville avait été rappelé d'Orient, et on avait envoyé le *Papin* à Constantinople pour hâter son retour. Le gouvernement voulait lui confier une de ces missions qui suffisent pour immortaliser un homme auparavant inconnu. Cette mission était encore un secret même pour les confidents habituels du roi Louis-Philippe ; enfin, le voile se déchira.

Le 12 mai 1840, pendant qu'on discutait la loi sur les sucres, M. de Rémusat, ministre de l'intérieur, monta à la tribune, et sans que rien eût fait pressentir la communication qu'il allait faire, il lut l'exposé de motifs suivant :

« Le roi a ordonné à S. A. R. le prince de Joinville de se rendre, avec sa frégate, à Sainte-Hélène, pour y recueillir les restes mortels de l'empereur Napoléon.

« Nous venons vous demander les moyens de les recevoir dignement sur notre terre de France.

« Le gouvernement, jaloux d'accomplir un devoir national, s'est adressé à l'Angleterre et lui a demandé le précieux dépôt que la fortune a mis dans ses mains. A peine exprimée, la pensée de la France a été accueillie.

« Voici les paroles de notre magnanime alliée :

« Le gouvernement de Sa Majesté Britannique « espère que la promptitude de sa réponse sera con-« sidérée en France, comme une preuve de son désir « d'effacer jusqu'à la dernière trace de ces animosi-« tés nationales qui, pendant la vie de l'empereur, « armèrent l'une contre l'autre, la France et l'An-« gleterre.

« Le gouvernement de sa Sa Majesté Britannique « aime à croire que si de pareils sentiments existent « encore quelque part, ils seront ensevelis dans la « tombe où les restes de l'empereur vont être dé-« posés. »

« L'Angleterre a raison, Messieurs, continua le ministre de l'intérieur ; cette noble restitution resserre encore les liens qui nous unissent, elle achève de faire disparaître les traces douloureuses du passé. Le temps est venu où les deux nations ne doivent plus se souvenir que de leur gloire.

« La frégate, chargée des restes mortels de Napoléon, se présentera, au retour, à l'embarcadère de la Seine. Une autre bâtiment les rapportera à Paris. Ils seront déposés aux Invalides ; une cérémonie solennelle, une grande pompe religieuse et militaire inaugurera le tombeau qui doit le garder à jamais.

« Il importe, en effet, Messieurs, à la majesté d'un tel souvenir, que cette sépulture auguste ne demeure pas exposée sur une place publique, au milieu d'une foule bruyante et distraite ; il faut qu'elle soit placée dans un lieu silencieux et sacré, où puissent la visiter, avec recueillement, tous ceux qui respectent la gloire et le génie, la grandeur et l'infortune.

« Il fut empereur et roi ; il fut le souverain légitime de notre pays. A ce titre, il pourrait être inhumé à Saint-Denis ; mais il ne faut pas à Napoléon la sépulture ordinaire des rois ; il faut qu'il règne et commande encore dans l'enceinte où vont se reposer les soldats de la patrie, et où iront toujours s'inspirer ceux qui seront appelés à la défendre. Son épée sera déposée sur son tombeau.

« L'art élèvera, sous le dôme, un tombeau digne, s'il se peut, du nom qui doit y être gravé. Ce monument doit avoir une beauté simple et cet aspect de solidité inébranlable qui semble braver l'action du temps. Il faudrait, à Napoléon, un monument durable comme sa mémoire.

« Le crédit que nous venons demander aux Chambres a pour objet la translation aux Invalides, la cérémonie funèbre, la construction du tombeau.

« Nous ne doutons pas, Messieurs, que la Chambre ne s'associe avec une émotion patriotique à la pensée royale que nous venons d'exprimer devant elle. Désormais la France, et la France seule, possédera tout ce qui reste de Napoléon. Son tombeau, comme sa renommée, n'appartiendra à personne qu'à son pays, etc. »

Ce discours, fréquemment interrompu par les applaudissements, produisit dans la Chambre une émotion d'autant plus vive qu'elle était inattendue. Le nom de Napoléon retentissant tout à coup dans l'enceinte, son ombre planant sur les délibérations, réveillèrent, dans tous les cœurs, de magiques souvenirs. Il fallut interrompre la séance, pour donner un libre cours aux sentiments qui débordaient.

Cette grande nouvelle fut accueillie dans les campagnes avec une joie inexprimable. Les politiques bourgeois, eux-mêmes, se prirent d'un certain respect pour le ministère, qui avait persuadé au cabinet britannique de lâcher sa proie, et ils attribuèrent volontairement à M. Thiers l'honneur de cette initiative.

Mais les hommes qui étaient mieux instruits des secrets du cabinet, dit M. Elias Régnault (1), ne se laissaient pas si facilement tromper par des intrigues politiques, et pour eux, l'histoire de cette négociation, si rapidement terminée, avait des proportions moins importantes.

Voici ce qu'on racontait à cet égard :

Daniel O'Connel, le grand agitateur irlandais, s'était décidé, sur les instances d'un général de l'Empire, à présenter à la chambre des communes une motion tendant à restituer, à la France, les restes du martyr de Sainte-Hélène.

Cependant, avant d'exécuter ce projet, il crut devoir en faire part à lord Palmerston.

« — L'alliance anglo-française semble ébranlée, « lui dit-il, et l'amitié des deux nations s'est refroi- « die. Je crois que cette généreuse restitution resser- « rait des liens trop relâchés.

« — Ne vous hâtez pas trop, répondit lord Pal- « merston ; il faut savoir si le gouvernement français « voudra accepter ce cadeau, s'il ne s'en trouvera « pas embarrassé.

« — Je suis décidé à présenter ma motion, s'écria « O'Connel ; le devoir de la Grande-Bretagne est de « rendre à la France les ossements de l'empereur, et « les communes ne peuvent le méconnaître.

« — Alors, attendez, je vais écrire au nouveau « président du conseil, à M. Thiers. »

Aussitôt, lord Palmerston fit savoir, par une note adressée à M. Thiers, qu'il allait, lui ministre d'Angleterre, se trouver dans une fâcheuse nécessité, celle de dire à la tribune que le gouvernement n'avait jamais refusé de se dessaisir du cercueil impérial, mais qu'aucun ministre français, depuis 1830, ne l'avait réclamé de l'Angleterre. Le président du conseil comprit tous les inconvénients qui résulteraient de cet aveu, qui était presque une accusation contre la monarchie de Juillet ; il vit, en outre, le parti immense qu'il pourrait tirer d'une mesure qui semblerait due à son initiative ; du même coup, il évitait le reproche d'indifférence et gagnait de la popularité à bon marché.

M. Guizot était alors ambassadeur à Londres ; on lui envoya une note pour l'inviter à faire une demande officielle. La réponse était connue d'avance ; mais le public qui ignorait les intrigues, les tergiversations des coulisses ministérielles, saluait déjà avec transport la venue de ces illustres débris qui rappelaient le glorieux héros de tant de victoires.

Le ministère avait demandé un crédit de un million ; la commission porta d'enthousiasme le chiffre à deux millions, en ajoutant, à la proposition ministérielle, un projet de statue équestre. Le rapporteur, le maréchal Clauzel, dit à l'Assemblée :

(1) *Histoire de huit ans*, tome 1, p. 142.

« Nous avons pensé que ce serait peut-être un hommage insuffisant, qu'un navire isolé chargé de cette précieuse dépouille, et nous en avons conféré à M. le président du conseil. Il nous a été répondu que d'autres navires accompagneraient la frégate de M. le prince de Joinville. Le convoi aura la majesté convenable à celui qui fut notre Empereur.»

M. Thiers déclara que le gouvernement s'associait aux généreuses modifications de la commission ; néanmoins la chambre réduisit le crédit à un million, et repoussa le projet de statue équestre.

L'expédition une fois résolue, ce fut à qui y prendrait part ; tout le monde voulait voir la terre où reposait l'Empereur et suivre le deuil pendant les quatre mille lieues du trajet ; les préparatifs du départ se firent avec une rapidité extraordinaire. Le prince de Joinville arriva le 6 juillet à Toulon ; M. de Rohan-Chabot, commissaire du roi, ne se fit attendre qu'un jour, et le 7 juillet au soir, le prince, assis sur son banc de quart, donnait le signal du départ à la corvette la *Favorite*, désignée pour accompagner la *Belle-Poule* ; il commanda en même temps les manœuvres de l'appareillage, et les sifflets aigus des contre-maîtres traduisaient les ordres aux matelots.

Sur les dunettes des vaisseaux qui se trouvaient dans la rade, et dont la frégate allait traverser la ligne, se tenaient debout, chapeau bas, de nombreux états-majors qui adressaient de la main leurs adieux aux marins de la *Belle-Poule*, et faisaient des vœux pour la réussite de ce voyage qui avait un si grand intérêt pour la France. Le cabestan cria bientôt sous l'action des barres, les vergues se couvrirent de matelots, les voiles dégagées de leurs liens s'enflèrent sous l'effort du vent, et la frégate partit comme un oiseau qui prend son vol. Le lendemain elle était par le travers des côtes de Catalogne ; elle avait traversé le golfe de Roses et le cap Bégu. Le 17 au matin elle entrait dans la rade de Cadix, saluée par vingt-un coups de canon tirés par le brick français le *Voltigeur*, en l'honneur du prince de Joinville.

Partie le 21 de Cadix, la *Belle-Poule* se trouvait le 24 devant Madère, où on séjourna deux jours seulement. Le 27 elle se trouvait en vue de Ténériffe. Le 2 avril, à midi, elle appareillait au bruit du canon des forts, et poussée par une bonne brise, elle dépassait la dernière des Canaries. Le 28, la division mouillait en rade de Bahia, où les équipages relâchèrent quinze jours. Le 20 septembre, le tropique du Capricorne était dépassé, et la traversée se poursuivait avec les chances les plus heureuses.

Mais à mesure que la frégate approchait du terme désiré, des brises molles, des vents calmes mirent plus d'une fois la patience des officiers et de l'équipage à de rudes épreuves ; il leur fallut aller presque par 28 degrés de latitude, pour trouver des brises favorables ; le 2 octobre, la *Belle-Poule* repassait le tropique du Capricorne, et arrivait dans la région des calmes qui la retinrent six grandes journées. Enfin, la brise se déclara le 5, les voiles s'arrondirent, la frégate roula dans le creux des lames, et le 7, dans l'après-midi, le matelot de vigie cria : *Sainte-Hélène ! Sainte-Hélène !*

Peu à peu le rocher se dessina, et ses pointes plus marquées rompirent l'uniformité des lignes. Le lendemain, à onze heures, la frégate cherchait à doubler la première pointe de l'île, et à mesure qu'elle avançait, derrière la seconde s'allongeaient successivement les beauprés des bâtiments ancrés dans la rade : la *Belle-Poule* y trouva l'*Oreste*, brick de vingt canons, commandé par M. Doret, capitaine de corvette, parti de Cherbourg le 31 juillet, venant de Gorée et allant à la Plata. Par ordre spécial, il avait changé sa route, pour apporter au prince de Joinville un pilote de la Manche et lui dire quelques mots des événements qui se passaient en Europe; la veille seulement il avait mouillé dans la rade de James-Town.

« Singulière destinée, dit M. Coquereau (1), ce même M. Doret, officier supérieur, était du nombre de ces jeunes officiers de marine qui, en 1815, à Rochefort, alors que le dévouement se payait de la vie, avaient offert à l'Empereur de le sauver sous le feu même des croisières anglaises; il avait assisté noblement à une des grandes phases de la vie de son maître, sa déchéance; la Providence lui donnait sa récompense en le faisant assister à Sainte-Hélène à sa réhabilitation. »

Le 8 au matin on jeta l'ancre; la population de l'île se pressait sur les quais; les forts hissèrent le pavillon tricolore, saluèrent la frégate qui leur répondit en envoyant le feu de toutes ses batteries, et bientôt un grand nombre d'embarcations couvrit la mer; l'une portait le consul de France, l'autre le commandant du *Dolphin*, brick envoyé par le gouvernement anglais; venaient ensuite les principaux dignitaires de l'île, qui s'empressèrent d'assurer le jeune commandant de la *Belle-Poule*, qu'il trouverait à James-Town l'accueil le plus respectueux.

Le 9, à dix heures, le prince alla rendre visite au capitaine du *Dolphin*, qui le salua de vingt-un coups de canon, que la *Belle-Poule* lui rendit aussitôt. A onze heures, deux embarcations portant le prince et son aide de camp, M. de Rohan-Chabot, commissaire du roi, MM. Bertrand, Gourgaud, de Las-Cases, Marchand, une partie des officiers de la *Belle-Poule*, de la *Favorite* et de l'*Oreste*, se dirigèrent vers le point de débarquement où toutes les notabilités de l'île réunies les attendaient. Le brick anglais rendit les honneurs du salut royal, les hommes sur les vergues, et les canons de la ville et des forts annoncèrent qu'un prince de France touchait la terre anglaise. Trois cents hommes du 91e formaient une double haie. Après l'installation au château, le prince, suivi de son cortége, se rendit à Plantation-House, habitation du gouverneur Middlemore, que l'état de sa santé avait empêché de venir à James-Town. Le commandant de l'expédition, le commissaire du roi et le gouverneur eurent une entrevue particulière qui dura plus d'une heure et à la suite de laquelle M. Middlemore rentra au salon en disant à haute voix :

(1) *Souvenirs de Sainte-Hélène.*

« Messieurs, jeudi 15, les restes mortels de « l'empereur Napoléon seront déposés entre vos « mains. »

Le mardi 14, le prince de Joinville, qui avait déjà visité à deux reprises la vallée du tombeau, fit paraître un ordre du jour qui réglait la position de chacun et détaillait le cérémonial à suivre dans les journées du 15 et du 16. Les seuls officiers supérieurs devaient assister à l'exhumation et suivre sur la terre anglaise le cercueil impérial.

Voici les noms des personnes désignées :

Du côté des Français :

MM. de Rohan-Chabot, commissaire du roi; le général Bertrand, grand-maréchal du palais; le général Gourgaud, Emmanuel de Gourgaud; Emmanuel de Las-Cases, député; Marchand, Arthur Bertrand; les quatre serviteurs de l'Empereur, MM. Noverraz, Pierron, Archambaud, Saint-Denis.

Les trois capitaines de corvette : MM. Charner, commandant en second la *Belle-Poule*; Guyet, commandant le bâtiment expéditionnaire la *Favorite*; Doret, commandant le brick l'*Oreste*; Guillard, docteur en médecine, chirurgien-major de la *Belle-Poule*; l'abbé Coquereau, aumônier de la frégate; le sieur Roux, plombier.

Du côté des Anglais :

Le capitaine du génie Alexandre, député par le gouverneur de l'île; MM. Wilde, chef de la justice; le commandant de l'artillerie, lieutenant-colonel Henri Trelawney; M. Darling, qui avait surveillé les travaux de la sépulture de l'Empereur; le plombier qui avait soudé lui-même le cercueil.

D'après les dispositions arrêtées par les commissaires, l'exhumation devait être exclusivement accomplie par des mains anglaises; le prince de Joinville préféra rester à son bord, où sa présence rendait moins pénible à ses officiers la soumission si difficile dans cette circonstance. Son ordre du jour portait qu'il descendrait à la tête des états-majors des trois bâtiments de guerre; que sur le quai il recevrait des mains du gouverneur la précieuse dépouille, et que lorsqu'elle aurait été déposée dans la chaloupe d'honneur, lui-même en tiendrait le gouvernail.

Les travaux d'exhumation commencèrent dans la nuit du 14 au 15. A l'ouverture du cercueil, tous les assistants reconnurent l'Empereur qui reposait doucement, habillé de son uniforme de chasseur de la garde, avec son ruban, sa grande plaque de la Légion-d'Honneur, sa culotte de casimir blanc, ses bottes éperonnées.

A une heure et un quart, la constatation ayant été faite de manière à ne pas laisser planer même l'ombre d'un doute sur l'identité, on referma le cercueil, sur les instances du docteur Guillard qui craignait les influences atmosphériques.

A trois heures, tout était terminé; alors, M. Alexander, devant les officiers anglais et français, donna à M. de Rohan-Chabot la clef du cercueil en lui faisant une première remise.

Le cortége funèbre se mit en route vers James-Town, et on aperçut bientôt, sur le quai, les états-majors français, chapeau bas, en grande tenue,

Embarquement des restes mortels de l'empereur Napoléon, à bord de la *Belle-Poule*. — Page 9, col. 1.

ayant à leur tête le prince de Joinville, en uniforme de capitaine de vaisseau, accompagné de son aide de camp, M. Hernoux. Le gouverneur de l'île s'approcha et lui fit, au nom du gouvernement anglais, la remise des restes mortels de l'empereur Napoléon ; le prince le remercia de tous les témoignages de sympathie et de respect dont les autorités et les habitants de Sainte-Hélène avaient entouré cette cérémonie mémorable.

Pendant ce temps une chaloupe d'honneur, décorée d'aigles et d'ornements noirs, avait accosté le quai pour recevoir le cercueil. Tant que dura l'embarquement, dirigé par le prince de Joinville en personne, la musique de la *Belle-Poule* joua des airs funèbres, et toutes les embarcations se tinrent à l'entour, les avirons mâtés.

Aussitôt que le sarcophage toucha la chaloupe, un magnifique pavillon, que les dames de James-Town avaient voulu broder elles-mêmes, fut élevé, et dès lors la *Belle-Poule* redressa ses vergues et déploya ses pavois. Tous les mouvements de la frégate furent imités sur-le-champ par les autres bâtiments français : le deuil national avait cessé en même temps que l'exil de Napoléon, et la division se parait de tous ses ornements de fête pour recevoir le cercueil impérial sous l'abri du drapeau tricolore.

Le prince de Joinville était à la barre avec son aide de camp et M. de Rohan-Chabot ; à leurs places, l'aumônier, MM. Bertrand de Las-Cases, Gourgaud, Marchand ; à l'avant, M. Goyet, commandant de la *Favorite*, et vingt-huit hommes, le crêpe au bras, tête nue, aux rames ; six noires embarcations, contenant tous les officiers, se rangèrent autour de la chaloupe.

A six heures et quart, au moment où le prince donna le commandement de pousser au large, les trois couleurs brillèrent à la tête des mâts, et un immense éclair illumina l'horizon : les flancs de la *Belle-Poule*, de la *Favorite*, de l'*Oreste* apparurent sillonnés d'une ligne de feu ; cent coups de canon annoncèrent que la France venait de reconquérir la dépouille mortelle de l'Empereur. Trois fois, pendant la traversée, des bordées de cent coups de canon ajoutèrent à la grandeur de ce spectacle unique. A six heures et demie, la chaloupe accosta la frégate, dont l'arrière avait été disposé en chapelle ardente ; tous les officiers se rangèrent en deux haies, le sabre à la main, depuis la coupée jusqu'au cabestan ; un fort détachement présenta les armes, le tambour battit aux champs, et le cercueil, porté par les matelots, fut déposé sur les deux panneaux comme sur une estrade ; puis chacun ayant pris la place qui lui avait été assignée, l'abbé Coquereau prononça, à la clarté des torches, les prières de l'absoute, vers sept heures du soir.

Après la cérémonie religieuse, l'arrière de la frégate fut interdit à tous ; quatre sentinelles d'honneur, relevés d'heure en heure, les officiers de quart en grand uniforme restèrent seuls. Bientôt le silence le plus profond régna sur le pont et l'on n'entendit plus que le pas mesuré et uniforme des factionnaires, le sifflement de la brise dans les cordages.

Le vendredi 16, jour fixé pour la cérémonie religieuse à bord, dès neuf heures du matin les vergues de la *Favorite*, de l'*Oreste*, des deux bâtiments de commerce, la *Bien-Aimée*, de Bordeaux, capitaine Gillet, et l'*Indien*, du Havre, capitaine Truquetil, furent mises en pantenne ; les pavillons descendirent à mi-mâts ; puis de nombreuses embarcations s'en détachèrent pour porter à la frégate tous les officiers et près de deux cents matelots des divers équipages. A dix heures, un coup de canon retentit. Les tambours roulèrent, la musique joua une marche funèbre, et le prêtre commença la célébration de la messe. De minute en minute, la *Favorite* et l'*Oreste* se renvoyaient le feu de leurs batteries.

L'office terminé, le cercueil, suivi de tout le cortége, fut porté du pont dans la chapelle au bruit d'une bordée de cinquante coups de canon.

Le prince de Joinville aurait voulu partir le 17 octobre, ce jour même où vingt-cinq ans auparavant l'Empereur était descendu à Sainte-Hélène ; mais les copies à faire du procès-verbal le forcèrent d'ajourner le départ.

A minuit, on apprit enfin que les copies étant terminées, seraient signées de très-grand matin, et le lendemain, 18 octobre 1840, à huit heures, aussitôt après l'arrivée de M. Rohan-Chabot, la *Belle-Poule*, la *Favorite* et l'*Oreste* étaient sous voiles.

Les trois bâtiments naviguèrent quelque temps de conserve ; mais bientôt l'*Oreste*, destiné pour la Plata, en prit la route ; ses haubans se garnirent de matelots, son pavillon descendit et remonta, et le canon retentit jusqu'au moment où le brick se trouva presque hors de vue de la frégate.

On assure que l'*Oreste* s'était rendu à Sainte-Hélène pour porter au prince de Joinville, non seulement un pilote de la Manche, mais encore la nouvelle d'un grave dissentiment entre les cabinets de Paris et de Londres ; ces bruits eurent peu de retentissement dans l'île, et ne portèrent aucune atteinte à la bonne intelligence mutuelle qu'il était si désirable de conserver durant ces circonstances si solennelles.

Sous la ligne, un incident assez grave rompit la monotonie de la traversée. Le 2 novembre on aperçut au loin la *Favorite*, chassant pour reconnaître un bâtiment à l'horizon : bientôt elle l'eut joint, et peu après une embarcation mise à la mer rallia la frégate ; le commandant de la *Favorite* et un officier, M. Lapierre, étaient dans la chambre ; montés à bord, ils communiquèrent au prince un journal hollandais, à la date du 7 octobre ; les nouvelles qu'il donnait étaient sinistres ; il déclarait la guerre imminente entre la France et l'Angleterre ; la question d'Orient avait désuni ces deux puissances ; les Anglais, en commençant les hostilités sur les côtes de la Syrie, avaient, disait-il, amené une conflagration générale.

A cette communication étrange et inattendue, tous les cœurs se sentirent appelés à de nouveaux devoirs. La mission pacifique pouvait se changer en une lutte terrible, et les restes du héros, au lieu de reposer, selon son dernier vœu, sur les rives de la Seine, pouvaient avoir pour tombeau les abîmes de l'Océan ; car le prince était bien décidé, depuis les premières communications faites à Sainte-Hélène, à ne pas permettre à l'Angleterre de ressaisir sa proie, et à s'ensevelir dans les flots avec son navire, plutôt que de livrer le cercueil du grand Empereur. Son équipage partageait son ardeur et sa détermination.

Il arrêta donc ses dispositions et donna des ordres. La *Favorite* dut se séparer de la *Belle-Poule*, dont elle aurait pu retarder la marche ; toutes les dispositions furent prises pour un combat à outrance, et tous, officiers et matelots, se préparaient à donner à la lutte un caractère digne de l'auguste mission qui leur était confiée.

Une raie blanche de batterie donna un nouvel aspect à la *Belle-Poule* ; les personnes qui faisaient partie de la mission durent céder leurs chambres à des locataires à la voix plus haute, au ton plus brutal. Six canons de trente les remplacèrent, les parcs se garnirent de boulets, les branle-bas de combat se multiplièrent, enfin tout fut mis sur un pied qui excluait la possibilité d'une surprise, et donnait de grandes chances à la défense. Les marins de la *Belle-Poule* pouvaient mourir, mais être pris, jamais ! (1).

La séparation de la *Favorite*, au milieu de l'Atlantique, amena une scène des plus touchantes : elle avait été jusqu'alors la fidèle conserve de la *Belle-Poule* ; fatigues, peines et joies, tout avait été loyalement partagé. Les adieux furent presque solennels : tout l'état-major de la *Belle-Poule* conduisit les officiers jusqu'à la coupée. Peu d'instants après, les pavillons furent hissés ; les équipages de la *Favorite* et de la *Belle-Poule* étaient montés dans les haubans ; les états-majors, groupés sur les dunettes, s'envoyèrent longtemps des saluts et des souhaits de bon voyage. Le lendemain, les deux bâtiments ne se voyaient plus.

La traversée de la *Belle-Poule* continua d'être heureuse ; quelques jours de calme au tropique, un coup de vent à la hauteur des Açores, furent les seuls incidents du retour : le 30 novembre au matin, on aperçut la haute montagne du Roule, et la frégate la *Belle-Poule*, partie depuis quarante-trois jours de Sainte-Hélène, laissa tomber l'ancre devant Cherbourg ; le pavillon impérial, flottant à son grand mât, annonça à la France l'arrivée des restes mortels de l'empereur Napoléon.

Pendant huit jours, la foule encombra le pont de la frégate. Près de cent mille âmes vinrent successivement s'agenouiller devant le cercueil de l'immortel capitaine qui avait légué à la France un demi-siècle de glorieux souvenirs.

Les officiers et les marins de la *Belle-Poule* attendaient avec une vive impatience que les préparatifs de la grande cérémonie, ou plutôt de la pompe

(1) Coquerau, Souvenirs de Sainte-Hélène.

triomphale, fussent terminés à Paris, pour se mettre en route; une dépêche ministérielle fixa le départ au 8 décembre.

Le 7 au soir, un autel s'éleva de nouveau au pied de l'artimon; le pont et les panneaux furent couverts de tapis funèbres, et on déposa le cercueil sur une estrade.

Le 8 au matin, la *Belle-Poule* se couvrit de ses pavois. A neuf heures, les troupes se rangèrent en bataille dans le port; les autorités militaires et civiles, le clergé de la ville, montèrent à bord de la frégate. Le bateau à vapeur la *Normandie* présenta l'arrière à la coupée, et, immédiatement après l'absoute eut lieu l'opération du transbordement : le prince de Joinville ordonna le départ de la *Belle-Poule* pour la grande rade, et quatre cents marins de la frégate passèrent sur la flotille commandée par M. de Mortemart, capitaine de corvette.

Les officiers et l'équipage de la *Belle-Poule* ne devaient quitter le cercueil qu'à la porte des Invalides : ils en étaient les gardiens privilégiés, et ils remplirent leur mission avec une dignité qui ajouta à l'aspect déjà si imposant du cortége.

Cent coups de canon eurent à peine annoncé que l'Empereur allait partir pour la capitale, que la *Normandie* fut entraînée dans la direction du Havre par sa puissante machine; le lendemain, à six heures du matin, elle filait lentement le long des jetées. Dès ce moment commença une marche vraiment triomphale, et rien ne manqua à cette grande solennité.

Sur les rives de la Seine les populations empressées saluaient le convoi de leurs cris d'enthousiasme; les paysans et les ouvriers, tous en habits de fête, étaient répandus en groupes nombreux depuis le rivage jusque sur les collines les plus éloignées.

Au Val-de-Layahe la *Normandie* ne pouvant plus remonter la Seine, un nouveau transbordement devint nécessaire; cette opération eut lieu pendant la nuit sous la direction personnelle du prince de Joinville. Le lendemain le cortége arrivait à Rouen, et le 14 il était à Courbevoie, à quatre heures du soir; le cercueil impérial fut débarqué par les marins de la *Belle-Poule* et transporté sous un temple grec élevé près du débarcadère.

Le 15 au matin, le corps fut placé sur le char funèbre; c'était ce jour-là qu'il devait faire son entrée dans Paris.

Nous n'entrerons pas dans les détails de cette cérémonie unique dans les annales du peuple français. Jamais de si innombrables multitudes ne s'étaient pressées dans les flancs de la capitale. Tous les triomphes réunis de Napoléon vainqueur, à la tête de ses armées, n'auraient pu rien offrir de comparable à ce triomphe de la mort.

Les cinq cents marins de la *Belle-Poule* occupaient dans le cortége le poste d'honneur. Celui qu'ils étaient allés chercher à travers l'immensité des mers semblait confié à leur garde spéciale. Entourant le char impérial, la hache d'abordage sur l'épaule, ils s'avançaient heureux et fiers d'avoir mis à l'abri de leur pavillon la grande victime des tempêtes politiques. Ils ne s'en séparèrent que sous le porche

élevé dans la cour d'honneur des Invalides, où ils descendirent le cercueil du char, pour le déposer devant l'archevêque de Paris, qui s'y trouvait escorté de son clergé. Le prince de Joinville, qui marchait à la tête du convoi, l'épée à la main, s'arrêta à l'entrée de la nef et dit au roi, en baissant son épée jusqu'à terre :

— Sire, je vous présente le corps de l'empereur Napoléon.

— Je le reçois au nom de la France, répondit Louis-Philippe.

Les marins de la *Belle-Poule* séjournèrent quelque temps à Paris et leur jeune commandant leur fit les honneurs de la capitale avec une générosité princière. Mais la belle et sémillante frégate ne devait pas jouir d'un long repos, après son glorieux voyage de Sainte-Hélène. En effet, le 19 mai 1841 elle partit pour une campagne d'observation sur les côtes de Terre-Neuve et d'Amérique, en passant par la mer du Nord; elle était accompagnée du brick le *Cassard*, sous le commandement de M. Lugeol, capitaine de corvette. Le 8 août elle entrait dans le golfe Saint-Laurent par le détroit de Belle-Isle, qui sépare l'île de Terre-Neuve de la côte de Labrador; un pilote d'Halifax lui servit de guide dans ces parages.

Le 6 septembre elle jetait l'ancre près d'Halifax, où le prince de Joinville fut parfaitement accueilli par le gouverneur et admis à visiter la frégate *Winchester*, qui se trouvait en rade; le 19, la *Belle-Poule* était en vue de New-York.

Les Français établis dans cette ville invitèrent le jeune commandant et les officiers à un banquet national; les marins et la frégate devinrent un objet de curiosité pour la population. Chacun voulait voir le bâtiment qui avait arraché à l'exil le cercueil du grand Empereur.

A Boston, la réception fut des plus cordiales; l'état-major de la *Belle-Poule*, invité à un bal, y trouva plus de quinze cents personnes, l'élite de la population bostonienne.

Le 28 octobre, la frégate ayant rempli sa mission, relâchait à Lisbonne et rentrait à Toulon dans les derniers jours de décembre.

En 1842, la *Belle-Poule* se rendit à Lisbonne avec le brick le *Cassard* et le vapeur le *Lavoisier*; elle y trouva le *Revenge* et l'*Indus*, de la marine anglaise. Le pavillon français exerçait alors une prépondérance marquée sur les rives du Tage, et les journaux de Londres, entre autres le *Morning-Herald*, poussèrent un cri d'alarme.

La *Belle-Poule*, après une courte station, rentra à Toulon et se rendit ensuite à Brest, d'où elle partit le 16 octobre, avec la corvette la *Coquette* et le vapeur l'*Asmodée*, pour Lisbonne, avec une mission secrète du gouvernement; elle fit ensuite un voyage dans la Méditerranée, arbora son pavillon devant Sainte-Croix de Ténériffe. Le 4 décembre, elle mouillait devant la barre du Sénégal; le 27 mars 1843 elle était en vue de Rio-Janeiro.

Le voyage du jeune commandant au Brésil était un mystère même pour les gens de l'équipage; mais on apprit bientôt que le prince était parti avec le consentement officiel du roi Louis-Philippe, son père, pour demander la main de la princesse Françoise de Bragance, fille de l'empereur don Pedro Ier. Le commandant de la *Belle-Poule*, au lieu de se marier par procuration, conformément aux traditions diplomatiques, avait voulu aller lui-même chercher une épouse de son choix, sous le beau ciel de l'Amérique méridionale, et la conduire en Europe sur sa belle frégate. Il était attendu, et tout avait été disposé pour sa réception.

Dès que les signaux extérieurs annoncèrent que la *Belle-Poule* était en vue, un grand mouvement s'opéra sur la rade, et tous les bâtiments de guerre, mouillés, firent leurs préparatifs avec activité. Aussitôt que la *Belle-Poule* parut à la pointe de Santa-Cruz, un salut en feu roulant l'accueillit, et pour un moment des nuages de fumée dérobèrent à la population, accourue sur le rivage, la vue des escadres. Elle se dissipa bientôt et laissa voir tous les bâtiments pavoisés, les équipages, en habits de gala, disposés sur les vergues et partout un air de fête et de réjouissance.

La *Belle-Poule*, en signe de réciprocité et de courtoisie, avançait lentement, toutes ses voiles carguées, et quand, par une manœuvre dont la belle précision fut remarquée, le jeune commandant prit son mouillage au milieu du triangle formé par les escadres française, anglaise et brésilienne, des cris et des hourras se croisant de toutes parts, firent retentir les échos de la rade de Rio-Janeiro, l'une des plus belles du monde.

La division française en station dans ces parages se composait alors du vaisseau la *Ville-de-Marseille*, des frégates la *Belle-Poule* et la *Cléopâtre* et des corvettes la *Coquette* et l'*Alcmène*.

Le mariage fut célébré le 1er mai, et le prince, impatient de montrer à la France sa belle fiancée, mit bientôt à la voile.

Étrange destinée des choses humaines! cette même frégate qui, trois ans auparavant, avait porté en Europe la dépouille mortelle du plus grand des héros des temps modernes, navigua cette fois au milieu de la joie et des fêtes; le cercueil du grand empereur était remplacé par une jeune et belle princesse, impatiente de voir et de connaître notre chère France, objet des rêves de toutes les personnes qui n'ont pas eu le bonheur de naître dans nos climats si favorisés du ciel.

Le 27 juillet, la *Belle-Poule* arrivait à Brest, où commencèrent pour la princesse les fêtes de l'hyménée.

Un mois après, le prince de Joinville abandonnait le commandement de la *Belle-Poule*, qui fut confié à M. Hernoux, le 24 août 1843. Elle passa sous les ordres de M. Lassusse en 1844 et fut attachée à l'escadre de la Méditerranée; elle fit partie de la division placée sous les ordres du prince de Joinville, nommé contre-amiral; cette escadre était destinée à opérer sur le littoral du Maroc, de concert avec l'armée de terre, commandée par le maréchal Bugeaud. Cette escadre se composait de dix bâtiments à voiles et de onze vapeurs dont voici les noms :

Le *Suffren*, de quatre-vingt-douze canons, commandé par le prince de Joinville et M. Lapierre, capitaine de vaisseau ;

Le *Jemmapes*, cent cinq canons, commandé par M. Montagniès-Laroque ;

Le *Triton*, quatre-vingt-huit canons, commandé par M. Bellanger ;

La frégate la *Belle-Poule*, soixante-quatre canons, commandée par M. Hernoux ;

Le brick le *Cassard*, vingt-quatre canons, commandé par M. Roquemarel.

Le brick-aviso l'*Argus*, douze canons, commandé par M. Jean Girard, lieutenant de vaisseau.

Le *Pandour*, douze canons, commandé par M. Duparcq.

Une contestation de limites, l'asile, les secours de tous genres accordés à l'émir Abd-el-Kader, enfin la réunion d'une armée nombreuse sur les frontières de l'Algérie, avaient décidé la France à mettre un terme à sa patiente longanimité, à l'égard du gouvernement marocain.

Les premières réponses de l'empereur Abd-el-Rhaman aux ouvertures de M. de Nyon avaient été évasives et dilatoires; il reconnaissait les torts des caïds qui avaient envahi les possessions françaises et promettait la punition des coupables; mais il demandait en même temps le châtiment et le rappel du maréchal Bugeaud, à raison de la prise d'Ouchda. Du reste, il ne s'expliquait en aucune façon sur le compte d'Abd-el-Kader.

Le maréchal Bugeaud savait par expérience qu'il n'y aurait aucune satisfaction à espérer, tant que l'empereur du Maroc n'aurait pas reçu une sévère leçon. Mais le prince de Joinville, muni d'instructions plus précises, pour éviter la guerre, envoya un nouveau messager porteur de son ultimatum, et accordant encore huit jours de délai. Par mesure de précaution cependant, il se porta le 29 juillet 1844 de Cadix à Tanger, où il recueillit à son bord les agents consulaires de la France et un certain nombre de nationaux.

Le pavillon du contre-amiral flottait sur le vaisseau le *Suffren*. Les troupes embarquées sur l'escadre se composaient, y compris les officiers, de onze cent cinquante-deux hommes, savoir : huit cent cinq soldats d'infanterie de marine, commandés par le chef de bataillon Poujol; deux cent vingt-neuf d'artillerie de marine, commandés par le capitaine Dupuis; cent dix-sept sapeurs du génie militaire, commandés par le lieutenant-colonel Chauchard.

Les représentants des puissances européennes à Tanger secondèrent avec un généreux dévouement les dispositions pacifiques de la France; mais l'empereur, mal conseillé et dominé d'ailleurs par le fanatisme musulman, éleva d'insultantes prétentions.

Le 2 août expirait le délai accordé par le prince de Joinville: dès la veille l'escadre française était devant la ville, attendant avec impatience les ordres de l'attaque. Abd-el-Rhaman avait quitté le Maroc pour remonter vers le nord de son empire, sans recevoir même M. Drummond Hay, agent anglais qui s'était mis en route pour le rejoindre.

La ville paraissait entièrement abandonnée par les habitants; les pavillons consulaires avaient disparu; une partie de la population s'était réfugiée dans un petit bois sous la protection d'un fortin de construction récente.

Comme toutes les places du Maroc, Tanger était environné d'une enceinte flanquée de tours rondes et carrées. Cette enceinte, d'un développement de deux milles deux cents mètres, était protégée par une Casbah mauresque d'un aspect imposant, et par un fort de construction portugaise. La Casbah était armée de douze pièces de canon qui battaient le détroit de Gibraltar.

Le débarcadère était flanqué à droite et à gauche par deux batteries; six autres batteries en maçonnerie gardaient la baie; une s'élevait sur le cap Malabata, et une autre sur les ruines du vieux Tanger. Elles contenaient en tout quarante canons.

Pour tenter une attaque par mer, il fallait donc canonner d'abord les batteries pour les démonter et s'embosser ensuite devant le port, pour ruiner de même les embrasures des remparts de la ville.

Nos marins, dit **M. Elias Régnault** (1), contemplaient avec un curieux intérêt ces masses sombres hérissées de canons, ces formes orientales, diversifiées par les coupes singulières des fortifications; il leur tardait d'entendre résonner ces foudres, afin de pouvoir leur répondre, heureux surtout de livrer un combat sous les murs de Gibraltar, sous les yeux des Anglais.

Le prince partageait ces fiévreuses impatiences; mais M. de Nyon, fidèle à ses instructions, modérait ces ardeurs et suppliait le jeune amiral d'accorrder quelques heures aux retards du messager. M. Drummond Hay arriva sur ces entrefaites et annonça que l'empereur acceptait l'ultimatum de la France. Le prince eut peine à se laisser convaincre; ses équipages surtout frémissant de colère, murmuraient contre cet agent consulaire qui était venu paralyser leurs bras. Le jeune amiral se préparait cependant à s'éloigner dans la journée, l'orsqu'on aperçut à l'horizon un bâtiment qui s'avançait à toute vapeur; le commandant remit au prince des dépêches venues par Oran.

Elles portaient en substance que si l'empereur n'avait pas répondu à l'ultimatum français, les hostilités devaient être immédiatement commencées. Le jeune amiral s'empara avec empressement de cette autorisation; il n'avait pas reçu de réponse; ce qui se passait entre le consul anglais et Abd-el-Rhaman, n'engageait pas la France, il résolut d'attaquer.

Le 6 avril, à la pointe du jour, les bateaux à vapeur le *Véloce*, le *Gassendi*, le *Phare*, le *Rubis* et le *Var* allèrent s'amarrer le long du bord du *Jemmapes*, du *Triton*, de la *Belle-Poule* et des bricks le *Cassard* et l'*Argus*, afin de les conduire au poste d'embossage, qui leur avait été assigné. Le calme qui règne ordinairement le matin, dans la baie de Tanger, nécessitait cette disposition.

(1) *Histoire de huit ans*, tome 2, p. 430.

Il y avait dans la baie trois vaisseaux anglais : le *Warspite*, l'*Albion* et l'*Hécla*; une escadre espagnole, des frégates américaine, suédoise, danoise, sarde et un steamer danois. Nos marins allaient combattre sous les yeux des représentants de toutes les nations : leur ardeur s'en augmentait, surtout en voyant si près d'eux les Anglais, leurs nobles et vaillants rivaux, qui venaient surveiller leur courage.

Le *Jemmapes* arriva le premier sur la ligne et réussit à s'embosser à quatre encâblures de la place. Le *Suffren*, monté par le prince de Joinville, porta son mouillage au poste le plus rapproché des batteries ennemies. Le *Triton* et la *Belle-Poule*, contrariés par l'action des courants et par le défaut de puissance des remorqueurs, ne purent immédiatement prendre leur poste de combat; le *Triton* fut obligé de s'y rendre sous voile; la *Belle-Poule* n'arriva qu'au moment où l'action était vigoureusement engagée.

Les vaisseaux français commencèrent le feu à huit heures et demie; à dix heures tout était fini. De cette immense ligne de défense crénelée et hérissée de bouches à feu qui rendaient les abords de Tanger si formidables et si pittoresques, il ne restait plus qu'un monceau de ruines, et par-dessus, la ville en amphithéâtre et qui n'avait été frappée que par quelques boulets égarés.

Pendant le combat, la *Belle-Poule*, habilement retirée d'une position critique par le capitaine Maissin, du *Gassendi*, fut envoyée, avec le *Triton*, pour canonner les forts d'Abdul-Sélim et d'El-Arbi-el-Saïdi, qui envoyaient quelques boulets à toute volée, sur l'escadre française.

L'affaire finie, les bateaux à vapeur revinrent prendre les navires à voiles et les remorquèrent à leur mouillage. La journée du 7 se passa à les mettre en état de reprendre la mer. Le 8, l'amiral fut rejoint par le bateau à vapeur le *Groëland*, dont il avait requis les services pour aller chercher à Cadix des approvisionnements en eau, en vivres et en charbon pour l'escadre. Le 11, elle se trouvait devant Mogador.

Il avait été facile de se convaincre que le bombardement des fortifications de Tanger, ville plutôt européenne qu'africaine, ne ferait pas sur l'empereur une impression assez vive pour le contraindre à la paix. Il fallait l'attaquer au cœur de ses possessions, dans une ville qui fût importante à ses yeux, soit par sa position, soit par ses richesses : Mogador remplissait toutes ces conditions.

Cette ville, que les Maures appellent Souérah, fait partie de la fortune particulière de l'empereur; elle est sa propriété, il en loue les maisons et les terrains. En outre, le port était le centre commercial le plus important de tout l'empire, car, depuis l'occupation de l'Algérie par les troupes françaises, les caravanes de l'intérieur recevaient, par Mogador, les denrées européennes, surtout anglaises.

L'escadre y rencontra des difficultés de plus d'une nature; pendant quatre jours, la violence des vents et la grosseur de la mer empêchèrent les vaisseaux de communiquer entre eux ; mouillées sur des fonds de roches, les ancres et les chaînes se brisaient, et leur perte enlevait aux vaisseaux des ressources indispensables pour atteindre leur but (1).

Ils ne pouvaient d'ailleurs songer à se maintenir, devant Mogador, à la voile : la violence des courants et de la brise les eût entraînés sous le vent, et ils auraient probablement perdu l'occasion d'agir.

Enfin, le 15, le vent s'apaisa ; il ne resta plus, de la tourmente des jours précédents, qu'une grosse houle N.-N.-O.

Sachant combien les beaux jours sont rares dans cette saison et dans ces parages, l'amiral prit immédiatement toutes ses dispositions. Les préparatifs hostiles qui se faisaient à terre prouvaient qu'on ne laisserait pas aussi facilement approcher l'escadre qu'à Tanger.

Les vaisseaux mirent enfin à la voile, dans l'après-midi du 15, par une faible brise N.-N.-O.

Le prince de Joinville avait communiqué à tous les capitaines un plan d'attaque et assigné à chacun son poste.

Les trois vaisseaux se rendirent d'abord au mouillage. Le *Triton*, capitaine Bellanger, en tête, conduisant l'escadre et s'avançant sous le feu de toutes les batteries ennemies, laissa tomber son ancre à sept cents mètres de la place, sans riposter à ses coups ; venaient ensuite le *Jemmapes* et le *Suffren*.

Le *Jemmapes* et le *Triton* se placèrent en face des batteries de l'ouest de la ville ; le *Suffren* avait pris poste dans la passe du nord, battant d'écharpe les deux batteries de la marine et de front le fort rond, situé sur un îlot.

Une fois placés, les vaisseaux ouvrirent leur feu, les batteries de la marine furent bientôt abandonnées ; mais celle de l'ouest tint longtemps. Ordre fut ensuite donné à la frégate la *Belle-Poule* et aux bricks le *Cassard*, le *Volage* et l'*Argus*, d'entrer dans le port.

La frégate devait combattre les batteries de la marine et les briks celles de l'île.

La *Belle-Poule* et les bricks passèrent à poupe du *Suffren* ; le commandant Hernoux conduisit sa frégate au fond d'un cul-de-sac, où elle avait à peine son évitage ; tirant d'un bord sur les batteries de la ville, et de l'autre sur celles de l'île. De grosses carabines, placées dans les hunes, fusillaient, à six cents mètres, les canonniers de l'île.

L'effet de cette manœuvre fut tel, que les batteries de la marine furent immédiatement désertées.

Enfin, l'amiral, voyant le feu des ennemis se ralentir, fit entrer dans le port trois bateaux à vapeur ; le *Gassendi*, le *Pluton* et le *Phare* ; ils portaient cinq cents hommes de débarquement, conduits par le capitaine de corvette Du Quesne et le lieutenant-colonel Chauchard.

L'île fut défendue avec le courage du désespoir par

(1) *Histoire de huit ans*, tome 1. — Rapport du prince de Joinville au ministre de la marine.

trois cent vingt Maures ou Kabiles, qui en formaient la garnison. Le lendemain, au jour, cent quarante hommes se rendirent ; les Français trouvèrent dans l'île près de deux cents cadavres. L'île prise et le feu de la ville complétement éteint, l'amiral donna ordre à l'*Asmodée* de venir retirer les vaisseaux de la côte, ce qui se fit pendant la nuit. Le temps était beau ; le prince garda la *Belle-Poule* dans la passe. Elle continua, pendant toute la nuit, à tirer sur les batteries de la marine, pour les empêcher d'être occupées.

Le 16, les bateaux à vapeur, l'*Asmodée*, le *Pluton*, le *Gassendi*, et les bricks le *Cassard* et le *Pandour* s'embossèrent de chaque côté de la langue de sable, sur laquelle s'élevaient les forts de la marine, dont l'amiral voulait se rendre maître ; leur feu croisé coupait les communications de la ville avec ses forts. Sous cette protection, le commandant Hernoux de la *Belle-Poule*, et le capitaine Bouet, conduisirent une colonne de six cents hommes de débarquement. Mais tout avait été déserté à l'approche des Français, et la descente s'opéra sans la moindre résistance. Il ne restait plus qu'à achever l'œuvre de destruction que le canon avait commencée la veille. Les marins de la *Belle-Poule* enclouèrent les pièces qui furent jetées à bas des remparts, démolirent les embrasures, noyèrent les magasins à poudre ; trois drapeaux et neuf à dix canons furent enlevés comme trophées de cette journée, où la *Belle-Poule* se signala par la hardiesse de ses manœuvres et le tir supérieur de son artillerie.

Le 23 août, l'établissement des Français sur l'île étant terminé, le prince de Joinville renvoya à Cadix une partie de l'escadre.

Un mois s'était à peine écoulé depuis le bombardement de Mogador, lorsque une division navale, commandée par le vice-amiral de la Susse, fut disposée à Cherbourg et se réunit au Tréport, pour recevoir et escorter Louis-Philippe dans la visite qu'il se proposait de rendre à la reine d'Angleterre. Cette division se composait du *Gomer*, du *Pluton*, de l'*Élan*, du *Caïman*, du *Favori* ; le vaisseau l'*Inflexible* et la frégate la *Belle-Poule*, commandés par les capitaines Graëb et Hernoux, reçurent ordre de rallier l'escadre royale, et firent route pour Portsmouth, le 7 octobre 1844, à sept heures du soir.

Pendant l'année 1845, la *Belle-Poule*, sous le commandement de M. d'Ornano, fut employée à transporter d'Algérie en France des militaires libérés ; elle partit ensuite pour les mers du Levant et fit partie de l'escadre placée sous les ordres de M. Turpin. A son retour, elle fit voile pour l'île de la Réunion, où elle transporta le capitaine de vaisseau Graëb, nommé gouverneur de cette colonie ; nous la retrouvons enfin en station à Beyrouth, avec plusieurs autres vaisseaux qu'on y avait envoyés par suite de nouveaux dissentiments survenus entre la France et l'Angleterre, au sujet des mariages espagnols.

En 1846, la *Bell-Poule* fut désignée pour faire partie de la station de la Réunion, qui se composait, en outre, de la *Cléopâtre*, du *Berceau*, du *Couëdic*, de l'*Archimède* et du *Crocodile*.

En 1847, le commandement de cette belle frégate fut confié au capitaine Romain-Desfossés. Le 24 février, ce nouveau commandant reçut ordre de la ramener à Brest. Nous ne devons pas oublier de mentionner, dans ses états de service, le voyage qu'elle fit en 1846, de Saint-Louis à Madagascar. Partie le 14 décembre, elle fut assaillie dans les parages de Madagascar, à cinquante lieues environ de cette île, par une violente tempête qui lui causa de grandes avaries; les réparations nécessitèrent quelques jours de relâche. Elle poussa ensuite une reconnaissance jusqu'aux îles Seychelles. Elle repartit de la Réunion pour se rendre à Brest, où elle arriva le 26 juillet.

Elle n'y séjourna pas longtemps; en effet, elle fut renvoyée à la Réunion, où elle arriva le 14 juin; à son retour, elle relâcha à Sainte-Hélène, où elle avait laissé, en 1840, de si glorieux souvenirs. En rentrant à Brest, en 1848, elle fut mise en commission de port, et devint une prison flottante.

En 1849, elle fut désarmée et resta en commission de port avec l'*Érigone*, sous le commandement du capitaine Petit.

En 1852, le capitaine Bassière en prit le commandement; on la réarma avec ordre de transporter des déportés à Cayenne; la circulaire du ministre était des plus précises; aussi, procéda-t-on à l'armement avec la plus grande célérité; l'armement définitif était terminé le 5 janvier; elle partit pour sa destination sous le commandement du capitaine Jeaunin.

Elle transporta ensuite des troupes à l'île de la Réunion, et prit à son bord les gouverneurs de cette île et celui de Pondichéry; à son retour, elle relâcha au cap de Bonne-Espérance et à Ténériffe.

Le 29 janvier 1853, elle arrivait à Toulon; elle y resta jusqu'en 1854; elle fit alors partie de l'escadre de la Méditerranée, comme magasin de dépôt.

La guerre d'Orient préoccupait déjà toute l'Europe occidentale, et les pavillons de France et d'Angleterre, unis cette fois dans un but commun, allaient protéger l'empire ottoman contre l'ambition du czar.

Un fait extraordinaire dans les annales maritimes et qu'on n'a peut-être pas assez remarqué, ce fut de voir cette même *Belle-Poule*, qui avait inauguré sa brillante carrière en allant au fond de l'Atlantique pour rapporter en France les restes du plus grand de ses capitaines, naviguer presque de conserve avec ce même *Bellérophon* qui avait reçu Napoléon proscrit dans les parages de l'île d'Aix. Il eut été à désirer que cette frégate, dont le nom a été immortalisé par le voyage réparateur de Sainte-Hélène, se fût montrée au milieu de l'escadre anglaise, non pas comme simple magasin de dépôt, mais avec ses cinq cents hommes d'équipage, avec tous ses pavois, et l'aspect imposant du branle-bas de combat. Le contraste eût été plus grand et plus significatif. D'un côté le *Bellérophon*, première prison du grand empereur trahi et vendu par la Sainte-Alliance, de l'autre la *Belle-Poule*, où s'éleva la première chapelle expiatoire aux mânes du martyr de Sainte-Hélène.

Mais tout a changé depuis, les hommes aussi bien que les choses. La France et l'Angleterre, si longtemps rivales, pour ne pas dire ennemies acharnées l'une de l'autre, se sont loyalement unies pour défendre le droit contre la force brutale, pour sauvegarder l'équilibre européen.

O Jean Bart, ô Tourville, ô Dugay-Trouin, Villaret-Joyeuse, Dupetit-Thouars, Suffren, Villeneuve et Baudin, et vous tous, marins illustres dont la vaillance défendit avec tant d'héroïsme l'honneur toujours intact du pavillon national, vous étiez loin de prévoir que cette même Angleterre que vous combattiez serait un jour l'alliée de notre belle France! La civilisation moderne pouvait seule opérer un semblable prodige.

Au moment où nous écrivons ces lignes, la frégate la *Belle-Poule* se trouve dans le Bosphore, toujours à l'état de magasin de dépôt et d'infirmerie, sous le commandement du capitaine Jannin.

Ce bâtiment, dont le nom depuis longtemps célèbre dans les annales de la marine française acquit une nouvelle consécration en 1840, ne date que de vingt ans; pour un vaisseau c'est l'âge de la force; il lui a fallu ce laps de temps pour s'habituer à lutter contre la tempête, à éviter les écueils disséminés dans l'immensité de l'Océan, à braver le feu des escadres ennemies.

La *Belle-Poule* remplit aujourd'hui toutes ces conditions; elle a navigué sur toutes les mers, elle a supporté des ouragans, en un mot, elle a son tempérament de frégate complètement formé. Aussi sa carrière est-elle encore loin de toucher à son terme; nous la reverrons encore dans tout son appareil de fête et de jeunesse, et si la gloire du pavillon réclame ses services, elle s'élancera légère et intrépide comme une noble et fière amazone à la rencontre de l'ennemi. S'il faut bombarder une place forte, de ses flancs généreux sortira une grêle de boulets, comme à la journée de Mogador.

Mais si, contre toutes les prévisions, cette belle frégate était condamnée à passer à l'état d'invalide, elle n'en figurera pas moins parmi nos bâtiments historiques; *Sainte-Hélène*, *Tanger* et *Mogador* sont trois dates trop mémorables pour que son nom ne reste pas gravé dans les annales de la marine française.

D'ailleurs, ce nom qui a reçu tant de fois le baptême de la gloire, figurera toujours dans nos escadres.

A la *Belle-Poule* de 1839, succédera une autre frégate qui héritera de son nom, de ses traditions d'honneur et de courage.

La *Belle-Poule* de 1778 fit noblement son devoir sous le commandement de son brave capitaine La Clocheterie; celle de 1806 se couvrit de gloire dans les rudes combats que livra la division du contre-amiral Linois, et ces deux bâtiments ne cédèrent qu'à des forces infiniment supérieures, après une lutte héroïque.

Au nom de La Clocheterie, de Bruillac, se rattache chronologiquement celui du prince de Joinville, qui commanda la *Belle-Poule* de nos jours jusqu'en 1843, la conduisit à Sainte-Hélène en 1840, et quelques années plus tard à Rio-Janeiro, où le jeune commandant allait chercher une compagne de son choix, faisant ainsi revivre les traditions maritimes des anciens jours, renouvelant en quelque sorte le voyage si poétique de Jason, et l'expédition des Argonautes.

Depuis, les noms de Hernoux, d'Ornano, de Romain-Desfossés, ont augmenté cette noble liste des capitaines qui ont commandé la *Belle-Poule,* que nous quittons dans le Bosphore, impatiente de son inaction momentanée ; au premier signal, elle s'élancera soit à l'abordage, ou bien elle ira vaillamment s'embosser sous les murs d'une place forte, et si on inscrit enfin sur les pavillons de nos vaisseaux de guerre les noms et les dates des expéditions et de leurs campagnes célèbres, on verra flotter au grand mât de la *Belle-Poule* ces deux dates impérissables : SAINTE-HÉLÈNE, 1840, TANGER et MOGADOR, 1844.

J.-M. CAYLA.

FIN.

Naufrage du *Vengeur.*

LE VENGEUR

———

Le nom de ce vaisseau, immortalisé par l'héroïsme de son équipage, est depuis plus d'un demi-siècle vénéré de tous les marins français; ce nom est devenu synonyme des mots gloire, civisme, patriotisme, de toutes les vertus qui constituent un digne et noble défenseur du pavillon national.

L'équipage du *Vengeur*, comme le chevalier d'Assas, préféra une mort glorieuse à une lâche capitulation, et son sublime naufrage restera éternellement dans notre histoire comme un symbole d'honneur et d'abnégation patriotique.

Les Anglais eux-mêmes, alors nos ennemis acharnés, et aujourd'hui nos alliés, rendirent hommage au dévouement du *Vengeur* en faisant des efforts inouïs pour sauver ceux de nos marins que les flots n'avaient pas encore engloutis.

Depuis la glorieuse et désastreuse journée d'Ouessant, les rapports sur l'épisode si grandiose du *Vengeur* ont beaucoup varié; les uns ont prétendu qu'on avait exagéré les résultats d'un incident maritime fort simple en lui-même; les autres ont soutenu, au contraire, que pour trouver un acte de patriotisme comparable à celui du *Vengeur*, il fallait compulser les plus célèbres batailles de l'histoire ancienne et moderne.

Nous sommes de l'avis de ces derniers. En effet, nos pères nous ont raconté cette grande lutte de la flotte républicaine contre l'escadre britannique, et, dans leurs récits palpitants d'intérêt et de réalité, nous avons puisé de nobles traditions, qui relient le passé au présent, pour former l'ensemble admirable de notre épopée maritime.

Oui, les marins du *Vengeur* tombèrent dans les flots en agitant le drapeau tricolore, en criant : *Vive la France!* Oui, ces hommes intrépides aimèrent mieux, pour la plupart, s'ensevelir dans les abîmes de l'Océan, qu'accepter l'hospitalité généreuse, mais offensante de leurs ennemis.

Il est bon, il est utile que le personnel de nos escadres connaisse et apprécie ce fait si honorable pour notre pavillon; il est aussi opportun de mettre sous les yeux de nos officiers, de nos matelots, l'histoire de ce vaisseau, dont le dernier combat excita un si vif enthousiasme d'une extrémité de la France à l'autre.

Le *Vengeur* obtint en 1794 les honneurs de l'apothéose; mais, de nos jours, ce fait n'est qu'imparfaitement connu, et notre marine militaire nous saura gré de l'avoir replacé dans le cadre déjà si plein de nos grandes guerres.

Il est beau de marcher au premier rang; il est beau de mourir pour la patrie, disait le poëte Tyrthée. Ne laissons pas périr le souvenir de nos héros, afin que les enfants soient fiers de descendre de si illustres pères, et se montrent dignes de leur noble généalogie.

Pendant notre dernier séjour à Brest, où nous étions allé pour consulter les archives de la préfecture maritime, nous avons vainement cherché dans les anciens registres le nom du *Vengeur*; nous désespérions même de pouvoir remonter au delà de l'année 1778, lorsqu'un vieux capitaine au long-cours nous communiqua les détails suivants :

« Il y avait un vaisseau appelé le *Vengeur* en 1689; il avait été construit à Brest, et faisait partie de l'escadre placée sous le commandement de Tourville; je tiens le fait de mon père, qui l'avait appris de son aïeul.

« Le *Vengeur* fit sa première campagne au combat livré près du cap Bezeviers, le 10 juillet 1690. La flotte française, réunie dans la Manche, comptait soixante-dix-huit vaisseaux et présentait quatre mille sept cent deux bouches à feu; en outre, vingt brûlots et quinze galères, venues de la Méditerranée, portaient à cent treize l'effectif de nos bâtiments. Mais la flotte se trouva réduite à soixante-dix vaisseaux lorsque, divisée en trois escadres, elle battit, sous le cap Bezeviers, et mit en fuite les flottes combinées d'Angleterre et de Hollande, commandées par l'amiral Torrington. Le *Vengeur* était de la partie, et son capitaine fut tué dans l'action.

« Les ennemis avaient le vent sur les Français; Tourville forma sa ligne. Les Hollandais se jetèrent avec acharnement sur son avant-garde, commandée par M. de Châtellerault; mais ils furent bientôt désemparés : il y eut, en y comprenant les Anglais, douze navires ennemis rasés, sans aucuns mâts. Si les Français avaient eu leurs galères, ils auraient pris tous les navires qui mouillèrent au jusant. Dans son rapport au ministre, Tourville signala le capitaine du *Vengeur* comme un des officiers qui s'étaient le plus distingués.

« A la suite de cette victoire, remportée dans les parages de Dieppe, Tourville brûla sept vaisseaux ennemis, en fit échouer quatre autres, et rentra à Brest avec sa flotte, qui désarma.

« Six mois après, l'armée navale de l'Océan se composait de soixante-quinze vaisseaux et vingt-un brûlots; Tourville, qui la commandait, avait pour mission :

« 1° De préserver le littoral menacé par l'ennemi;

« 2° D'enlever le convoi de Smyrne, estimé à plus de trente millions;

« 3° De protéger le passage des secours destinés au roi Jacques d'Angleterre.

« Tourville tint la mer en présence des flottes combinées d'Angleterre et de Hollande, s'empara du convoi de la Jamaïque, prit quelques bâtiments de guerre, et rentra à Brest vers la fin d'octobre 1691. Le *Vengeur* s'était encore signalé par les plus beaux faits d'armes, pendant cette croisière qui dura près de cinquante jours.

« Cependant les flottes réunies d'Angleterre et de Hollande menaçaient le littoral français; Tourville reçut ordre de sortir et de combattre. Après avoir réuni son conseil, il se décida à livrer bataille, et la journée de la Hougue, si glorieuse pour notre marine, ne nous coûta pas moins de quinze vaisseaux; de ce nombre fut le *Vengeur*, qui sombra après une lutte désespérée, à quelques pas du *Triomphant*, qui ne put lui porter secours.

« On venait de terminer, dans les chantiers de notre port, un vaisseau de soixante-quatorze qu'on devait appeler *Jupiter* : par ordre de Tourville on lui donna le nom de *Vengeur*. Il fit partie de l'escadre de Jean-Bart, qui attaqua, près du Texel, huit vaisseaux hollandais, en prit trois, dispersa les cinq autres, et leur enleva un grand convoi de blés (juin 1694).

« Voilà, continua le vieux capitaine, tout ce que je sais sur l'origine du vaisseau le *Vengeur*. La chronique du port de Brest dit que le premier bâtiment de ce nom fut équipé par une riche châtelaine, qui avait à venger la mort de son fiancé, tué par les Anglais; mais nos marins sont presque toujours poëtes, ils embellissent leurs récits aux dépens de la vérité; et, comme vous avez l'intention de faire une histoire sérieuse de nos vaisseaux, je vous conseille de vous montrer scrupuleux à l'endroit des légendes de la mer.... »

Nous avons suivi le conseil du vieux marin, et,

pour ne pas nous exposer à mêler à notre récit des faits hasardés et controuvés, nous avons restreint notre cadre aux rapports officiels ou qui peuvent être considérés comme tels.

Étudiée avec la circonspection que commande un ouvrage sérieux, l'histoire du *Vengeur* ne remonte guère au delà de 1778, année si féconde en événements maritimes ; le *Vengeur* fit tour à tour partie des escadres commandées par le comte d'Orvilliers, le célèbre d'Estaing et le bailli de Suffren.

Au mois de février 1778, un traité d'amitié et de commerce avait été signé entre la France et les États-Unis d'Amérique. Au mois d'avril suivant, le comte d'Estaing sortit de Toulon, avec douze vaisseaux et quatre frégates, pour se rendre dans la Delaware ; il avait pour mission d'observer les mouvements des forces navales anglaises, aux ordres de l'amiral Howe, dans ces parages ; toutefois, les instructions données à l'amiral français lui prescrivaient de ne se livrer à aucun acte d'hostilité contre le pavillon britannique. Les Anglais ne tardèrent pas à prendre l'offensive, et Louis XVI ordonna l'armement et la sortie de tous les vaisseaux qui se trouvaient dans le port de Brest.

Le comte d'Orvilliers, qui avait été fait lieutenant général des armées navales en 1777, fut choisi pour commander l'armée destinée à se rendre dans l'Océan. Elle se composait de trente-deux vaisseaux de ligne, divisés en trois escadres. Le comte d'Orvilliers était à la tête de l'escadre *Blanche ;* le comte du Chaffault, lieutenant général, commandait l'escadre *Blanche et Bleue ;* l'escadre *Bleue* était sous le commandement du duc de Chartres, qui montait le *Saint-Esprit*, de quatre-vingts canons.

Le 12 du même mois, l'amiral Keppel sortit de Plymouth à la tête de trente vaisseaux de ligne, dont sept à trois ponts. Le 23, les deux armées se trouvèrent presque en présence l'une de l'autre ; pendant quatre jours consécutifs elles manœuvrèrent pour se donner l'avantage du vent ; mais, le 27, le combat était devenu inévitable. Vers neuf heures du matin le comte d'Orvilliers s'aperçut que l'amiral anglais élevait son arrière-garde au vent. Pour déjouer ce projet et se rapprocher en même temps de l'armée anglaise, il fit virer la sienne vent arrière par la contre-marche.

« Les Anglais, dit le contre-amiral Kerguelen, tenaient ainsi que nous les amures à bâbord ; ils eurent le projet de tomber sur notre arrière-garde et de prolonger leur ligne au même bord que nous. Pour s'opposer à ce dessein, le comte d'Orvilliers fit revirer toute l'armée ensemble, avec ordre de se former sur l'ordre de bataille renversé.

« Le feu fut très-vif pendant trois heures ; il commença par l'escadre bleue qui formait l'avant-garde et continua ensuite dans toute la ligne.

« L'escadre blanche et bleue, dont faisait partie le *Vengeur*, vaisseau de soixante-quatre canons et commandé par le comte d'Amblimont, se fit remarquer par son bouillant courage. Le lieutenant-général Duchaffault fut grièvement blessé, et le *Vengeur* mis à l'ordre du jour pour la conduite de ses officiers et

de son équipage dans ce combat d'Ouessant, si célèbre dans nos annales maritimes : combat sans résultats, mais où les savantes manœuvres du comte d'Orvilliers annulèrent la supériorité que donnaient aux Anglais le rang de leurs vaisseaux et le calibre de leur artillerie.

Deux mois après cette bataille, le *Vengeur* se trouvant dans les parages de Brest, on entendit une vingtaine de coups de canon dans le lointain : c'était dans la nuit du 27 au 28 septembre 1778.

— Ce sont les Anglais qui attaquent un de nos vaisseaux marchands, s'écria M. d'Amblemont ; gouvernez donc sur le point d'où est parti le bruit.

Le 28, à la pointe du jour, on découvrit le corsaire le *Saint-Pierre* de Liverpool, qui s'était emparé d'un bâtiment de commerce de huit cents tonneaux richement chargé et arrivant de l'Inde. Le *Vengeur* se rendit maître du corsaire, et M. d'Amblemont fit escorter le bâtiment marchand jusqu'au port de Lorient, lieu de sa destination.

Le vaisseau le *Vengeur*, commandé depuis peu par le chevalier de Retz, digne successeur du courageux d'Amblemont, prit aussi une part glorieuse à l'expédition dirigée par le comte d'Estaing contre l'île anglaise de la Grenade. Le débarquement se fit presque sans obstacles ; l'île se rendit après un combat qui dura à peine une heure ; cent-deux pièces de canon et seize mortiers tombèrent au pouvoir des Français, 4 juillet 1779. Le chevalier de Retz, commandant du *Vengeur*, figura parmi les blessés, et le comte d'Estaing lui adressa publiquement des éloges pour la belle conduite de son équipage.

Nous retrouvons le *Vengeur*, en 1780, dans l'escadre commandée par le comte de Guichen, destinée à escorter un convoi considérable de bâtiments marchands. Arrivé à la Martinique le 23 mars avec vingt-deux vaisseaux et quelques frégates, le comte de Guichen ne prit que le temps de se concerter avec le gouverneur de cette colonie et mit immédiatement à la voile pour Sainte-Lucie où il arriva le lendemain : l'armée anglaise était à peu près égale en nombre à celle du comte de Guichen ; l'amiral Rodney, sous le commandement duquel l'amirauté anglaise avait mis toutes ses forces navales aux Antilles, observait, à la tête de vingt vaisseaux, tous les mouvements de l'armée française dans ces parages. Le 15 avril, le 17, le 19 et le 20 mai, les deux escadres se battirent avec un acharnement indicible, et les Français conservèrent toujours l'avantage ; leurs pertes, dans ces trois combats, s'élevèrent à deux mille hommes tués ou blessés. Celles des Anglais durent être au moins égales.

En 1781, le *Vengeur* fit partie de l'escadre que le ministre de la marine mit sous le commandement du bailli de Suffren, pour l'opposer au commodore Johnston ; cette escadre se composait de cinq vaisseaux et de deux frégates.

Suffren sortit de Brest le 22 mars 1781, avec l'armée navale, aux ordres du comte de Grasse, dont il se sépara à la hauteur de Madère.

Le vaisseau l'*Artésien*, de 64 canons, commandé par le capitaine Cardaillac, devait, dans le principe, faire la campagne d'Amérique avec le comte de Grasse; mais, au moment du départ, sa destination ayant été changée, le capitaine, qui avait calculé sa provision d'eau pour une courte traversée, craignant d'en manquer pendant sa nouvelle campagne, demanda la permission d'en faire, en passant à San-Yago.

— Allez, dit le bailli de Suffren; précédez l'escadre de quelques lieues; mais virez de bord, si vous apercevez des voiles ennemies dans la baie de la Praya.

Le 16 avril, en approchant du mouillage, l'*Artésien* reconnut cinq vaisseaux anglais qui y étaient à l'ancre; aussitôt il vira de bord et revint vers l'escadre pour signaler l'ennemi.

— C'est l'escadre du commodore Johnston qui est partie de Portsmouth quelques jours avant notre sortie de Brest. Je vais l'attaquer, dit Suffren.

Aussitôt il fit signal à ses frégates et au convoi qu'il escortait, de continuer leur route en tenant le vent; en même temps il donna à son escadre l'ordre de se préparer au combat, de former la ligne, sans égard à l'ordre de bataille, de forcer les voiles, enfin de se préparer à mouiller.

Lui-même, se couvrant de voiles à l'instant, et sans faire attention s'il était suivi des vaisseaux de son escadre, pénétra audacieusement dans la baie, et arrivé près du vaisseau commandant, laissa tomber l'ancre par son travers à portée du pistolet en faisant un feu terrible. L'*Annibal*, de soixante-quatorze canons, commandé par le capitaine Trémignon, vint mouiller en avant du *Héros* que montait le bailli de Suffren. Dans cette position, recevant plus de bordées qu'il n'en pouvait rendre, il eut bientôt éprouvé les plus grands dommages dans sa mâture et ses agrès. Le capitaine de l'*Artésien* fut tué au moment où il manœuvrait pour prendre poste; le *Vengeur* et le *Sphinx*, après avoir tiré quelques bordées sur les vaisseaux ennemis qui se trouvaient par leur travers, se virent entraînés sous le vent par la force des courants, et furent forcés de laisser porter au large. Le bailli de Suffren se trouva donc au milieu de l'escadre ennemie avec deux vaisseaux seulement, le *Héros* et l'*Annibal*. Voyant l'impossibilité d'obtenir une victoire décisive, il abandonna la baie de Praya, et prit congé de l'escadre ennemie en lui envoyant plusieurs bordées de son artillerie. Le *Vengeur* était alors commandé par le comte de Forbin, nom si justement célèbre dans les fastes historiques de notre marine nationale.

L'escadre du bailli arriva sans autre incident à l'Ile-de-France où elle répara ses avaries; elle s'y réunit à celle du comte d'Orves; Suffren se trouva chargé du commandement de tous les vaisseaux, le 3 février 1782; le 4, il fit une prise devant Granjam; le 5, on aperçut la terre et on s'empara de plusieurs bâtiments chargés de provisions pour Madras. Le 14, l'escadre se trouvant en vue de cette ville, mouilla à trois lieues au nord, pour ne pas la dépasser pendant la nuit.

L'amiral Hughes étant parvenu, dans la nuit du 15 au 16, à se glisser entre la côte et l'escadre française, se trouva le lendemain au milieu du convoi qu'elle escortait et s'empara de plusieurs bâtiments. Le bailli de Suffren, aussitôt qu'il en fut instruit, se couvrit de ses voiles; le 17 au matin, se trouvant en présence de l'amiral anglais, à la hauteur de Sadras, il lui livra un combat qui dura environ deux heures et dans lequel l'escadre ennemie fut fort maltraitée.

Un second combat eut lieu le 6 juillet, près de Négapatuam; il dura six heures sans discontinuer. Cet engagement avait mis le comble aux mécontentements que ressentait depuis quelque temps le bailli de Suffren, au sujet de la conduite de plusieurs des capitaines de son escadre. Le commandant du *Sévère*, M. Cillart, fut suspendu de ses fonctions; ceux de l'*Artésien* et du *Vengeur* reçurent l'ordre de remettre leurs commandements; quelques autres officiers, coupables de lâcheté ou d'insubordination, furent débarqués et envoyés à l'Ile-de-France.

Suffren continua avec le plus grand succès ses glorieuses opérations dans les mers de l'Inde, se rendit maître de Trinquemalé et de Gondelour et livra aux Anglais un dernier et glorieux combat le 20 juin 1782. Au commencement de l'action, il y eut dans les lignes françaises une espèce de désordre qui donna un avantage réel à l'ennemi. Pour comble de malheur, le feu prit à bord du *Vengeur*; la flamme qui sortait de toutes parts effraya les vaisseaux qui se trouvaient près de lui; ils forcèrent de voiles pour s'éloigner, et ces mouvements ne contribuèrent pas peu à augmenter le désordre qui régnait déjà du côté des Français.

Le combat durait depuis une heure et demie; Suffren avait déployé toute l'habileté d'un marin et la valeur d'un héros; lorsque la nuit survint, les Anglais prirent la bordée du nord-ouest et s'en allèrent relâcher à Madras. Suffren resta persuadé que la plupart de ses vaisseaux l'avaient abandonné, ou du moins qu'ils avaient négligé de lui porter secours.

Après la guerre maritime de 1778, si glorieuse pour les escadres françaises, et à laquelle le *Vengeur* prit une si large part, nous ne retrouvons ce vaisseau qu'au commencement de 1793.

Il est impossible, dit M. Jurieu de la Gravière (1), en comparant ces deux époques, de ne point éprouver une certaine surprise, une espèce de sensation singulière et indéfinissable, comme en produirait un changement soudain de température et de climat. Ces deux périodes, en effet, sont presque contiguës dans notre histoire maritime; dix années de succès les unissent et semblent les confondre; mais au point de soudure, il s'est formé un angle inattendu, un coude subit et brusque qu'on ne peut franchir sans se trouver tout à coup transporté sous un autre ciel. L'aspect de la scène a tellement changé, qu'on hésite à croire que ce soient bien les mêmes nations qui l'occupent encore.

Quelle opposition entre le spectacle de cette lutte ardente et celui qu'on avait tout à l'heure sous les yeux! Au lieu de ces jeunes nobles qui se battaient en riant, deux peuples acharnés à se détruire! au lieu de cette humeur belliqueuse et sans fiel, un sentiment profond et opiniâtre, signe précurseur des

(1) *Guerres maritimes*, t. 1.

grandes guerres. A voir les masses que ce zèle fanatique soulève et pousse à l'ennemi, on peut pressentir que l'ancienne stratégie va se trouver insuffisante pour de telles passions et pour de tels combats. Les passes brillantes, les évolutions circonspectes de l'ancienne tactique ne conviennent qu'à des ennemis qui ont plus de sang-froid et moins de haine.

La stratégie navale se transforme, au moment même où cette transformation est devenue un besoin des esprits et de la nouvelle lutte qui vient de s'ouvrir.

Au début de cette guerre de 1793, la France avait, pour couvrir l'entrée de ses convois et inquiéter ceux de l'ennemi, quarante-deux vaisseaux déjà hors de ses ports ou près d'en sortir. C'est à ce chiffre qu'il faut s'arrêter, dit M. de la Gravière, pour apprécier à sa juste valeur l'établissement naval que la monarchie léguait, en s'écroulant, à ce pouvoir héroïque qui devait, en quelques années, préparer la ruine de notre marine. Ces quarante-deux vaisseaux de ligne, prêts à intercepter ou à défendre toutes les grandes routes commerciales par lesquelles devaient arriver en Europe toutes les richesses des Antilles, du Levant et de l'Inde, constituaient, du côté de la France, une situation des plus avantageuses.

Il est certain que le développement qu'avait acquis la marine française, en 1793, était immense. Derrière ces quarante-deux vaisseaux prêts à prendre la mer se trouvait une réserve imposante, composée de trente-quatre vaisseaux en bon état.

Nous possédions alors soixante-seize vaisseaux, tant à flot que sur nos chantiers; l'Angleterre en possédait cent quinze, mais les vaisseaux français étant généralement plus forts que les vaisseaux anglais, notre infériorité devenait moins sensible à mesure que l'on adoptait d'autres termes de comparaison plus exacts.

Ainsi les escadres anglaises portaient huit mille sept cent dix-huit canons, et celles de la France six mille. En outre, nos canons étant, pour la plupart, d'un plus fort calibre que ceux des Anglais, ils pouvaient lancer, en ne considérant qu'un seul bord des vaisseaux, une volée dont le poids s'élevait à 74,000 livres.

Les Anglais possédaient, il est vrai, beaucoup de vaisseaux à trois ponts, sortes de vaisseaux de tout temps regardés comme formidables; mais les uns de cent canons, comme le *Victory*, qui porta successivement le pavillon de l'amiral Hood, de Jervis et de Nelson, comme le *Queen Charlotte* (la *Reine Charlotte*), sur lequel l'amiral Howe venait d'arborer le sien, ne pouvaient soutenir la comparaison avec les entreponts français et espagnols; les autres, connus alors sous le nom de vaisseaux de quatre-vingt-dix-huit ou de quatre-vingt-dix, égalaient à peine nos magnifiques vaisseaux de quatre-vingts.

A côté de ces deux classes de vaisseaux de premier rang, nos vaisseaux de cent vingt canons, tels que la *Montagne* (1) et le *Commerce de Marseille*,

(1) Ce vaisseau existe encore sous le nom de l'*Océan*; il vient d'être désarmé à Brest.

que montait à cette époque l'amiral Trogoff, excitaient l'étonnement des capitaines anglais par leur masse imposante et l'épaisseur de leurs murailles, qui semblaient impénétrables au boulet.

A la supériorité que donnait à nos vaisseaux un système de construction plus avancé, il fallait ajouter encore l'avantage qu'ils retiraient, dans toutes les occasions où il s'agissait de lutter de vitesse, d'une mâture mieux assujettie qui leur permettait de défier, toutes voiles hautes, des raffales par lesquelles se trouvaient souvent démâtés les vaisseaux ennemis. C'est ainsi qu'on vit au commencement de la guerre le contre-amiral Van-Stabel, avec six vaisseaux et deux frégates, poursuivi par l'avant-garde de l'amiral Howe, lui échapper, grâce à la supériorité de la marche de son escadre et à la solidité de ses mâtures.

Malheureusement l'insubordination des équipages vint détruire ces avantages; nous devons dire aussi que plusieurs officiers de marine refusèrent de servir la révolution. Aux prises avec la guerre civile, avec la famine, avec la désertion, la Convention dut combler cette brèche énorme par laquelle l'ennemi devait pénétrer, et faire surgir des rangs les plus infimes de la flotte des officiers et des commandants pour les vaisseaux abandonnés et un matériel devenu inutile.

La guerre était active et pressante; pour faire vivre le peuple, il était indispensable d'assurer la rentrée des convois de blé attendus d'Amérique. Le salut de la révolution exigeait qu'on tînt des escadres à la mer, et il fallait réaliser, avec la rapidité propre à cette époque, la chose du monde qui demande le plus de temps et de méthode, c'est-à-dire la reconstitution d'une grande marine.

La Convention n'hésita pas; elle poussa ses escadres dehors avec ce personnel novice, décréta l'activité dans les arsenaux, l'héroïsme sur les vaisseaux, comme elle venait de décréter la victoire aux frontières, et tant l'enthousiasme a de puissance, même dans les choses qui semblent le plus échapper à son empire, peu s'en fallut qu'elle ne surprit en cette journée mémorable, comme dans notre histoire maritime, sous le nom de *Combat du 13 prairial*, à cet amiral vétéran qui avait tenu le comte d'Estaing en échec, un triomphe qui eût peut-être donné une direction bien différente à la guerre.

Cet aperçu, que nous empruntons à l'histoire des *Guerres maritimes* (1), devait servir de préliminaire aux divers récits de la grande bataille navale où nous allons voir le vaisseau le *Vengeur* défendre si héroïquement l'honneur du pavillon.

L'escadre de l'Océan, aux ordres de l'amiral Villaret-Joyeuse, sortit de Brest dans les derniers jours de mai 1794, pour aller au-devant d'un convoi attendu des Etats-Unis d'Amérique. Elle rencontra dans le golfe de Gascogne la flotte anglaise, forte de trente vaisseaux, et commandée par l'amiral Howe.

Parmi les vaisseaux de l'escadre républicaine, figurait le *Vengeur*, commandé par le capitaine Re-

(1) Jurien de la Gracière, tome 1, page 56.

naudin. Ce marin, né en 1761, dans l'île d'Oleron, avait déjà fait de brillantes campagnes, et Villaret-Joyeuse le regardait comme un des meilleurs officiers de son escadre.

Le 29 mai, l'amiral français présenta la bataille à lord Howe, et après avoir lutté pendant sept heures consécutives contre les forces supérieures de l'ennemi, il resta maître du champ de bataille. Le *Vengeur* se couvrit de gloire dans ce premier engagement.

Trois jours après, 1er juin, les deux flottes se rencontrèrent de nouveau; la ligne française fut coupée, et le vaisseau-amiral se vit enveloppé de six bâtiments ennemis dont il se fit abandonner. Avec huit vaisseaux qu'il parvint à rallier, Villaret-Joyeuse dégagea une partie de son escadre, et la flotte anglaise, aussi maltraitée que la nôtre, n'essaya pas de pousser plus loin son avantage; on assure même que Villaret voulait donner la chasse aux Anglais, et qu'il en fut empêché par Jean-Bon-Saint-André, commissaire de la Convention, à bord du vaisseau la *Montagne*.

Le *Vengeur*, entraîné trop loin du corps de l'escadre, sombra après une lutte héroïque. Avant de raconter ce sublime incident de cette grande bataille, nous devons mettre sous les yeux de nos lecteurs les deux rapports de Villaret-Joyeuse à la commission de la marine. Le premier est relatif au combat du 9 prairial (18 mai) :

« Le temps, ni les circonstances, dit Villaret, ne me permettent pas de vous faire l'historique de ma conduite depuis le 9 de ce mois, que l'armée de la République courant au N.-N.-O., avec des vents S.-O., eut connaissance, vers les huit heures du matin, de l'armée anglaise dans l'O.-N.-O., faisant route au N.-O. Mon premier soin, après avoir reconnu sa force, consistant en trente vaisseaux de ligne, parmi lesquels on en distinguait quatre à trois ponts, fut de former l'ordre de bataille sur la ligne du plus près du vent bâbord-amures L'ennemi en fit autant, et la supériorité du nombre le mettant à même de former une escadre légère de cinq vaisseaux, ces chasseurs, laissant leur corps d'armée à trois lieues sous le vent, vinrent tirailler la nuit sur notre arrière-garde. J'étais bien loin de croire que cette escarmouche eût produit le plus léger événement; cependant, à mon grand étonnement je comptai, au point du jour, un vaisseau de moins dans ma ligne.

· « La position du vent, que je voulais conserver, m'ayant déterminé à virer de bord par la contre-marche, je vis avec la plus grande douleur que le *Révolutionnaire* m'avait abandonné. Après m'être assuré qu'il n'était point dans l'armée ennemie, qui se trouvait à deux lieues sous le vent à moi, j'imputai cette défection à quelques avaries majeures, et les rapports du général Nielly, qui vient de me rallier, justifient cette opinion.

« L'amiral Howe, comptant sans doute sur la supériorité que semblait lui promettre cinq vaisseaux de plus, manœuvra d'après une nouvelle disposition. Je ne balançai plus, dès ce moment, à faire le signal à mon avant-garde de serrer l'ennemi au feu et de commencer le combat. Le *Montagnard*, vaisseau de tête, envoya sa première volée à dix heures du matin. L'engagement devint alors si vif entre les deux avant-gardes, que l'ennemi plia et laissa arriver.

« L'amiral anglais, s'apercevant que son avant-garde était maltraitée, et qu'un de mes trois ponts qui était d'arrière-garde venait d'être démâté de son petit mât de hune, dans un tangage, fit virer par la contre-marche pour reprendre sa revanche sur mon arrière-garde, qu'il croyait affaiblie par le fâcheux accident du *Terrible*. Ce mouvement de l'ennemi me fit arriver sur ses vaisseaux virés. La *Montagne* soutint son nom, et jamais volcan ne vomit des torrents de feu comme ce vaisseau. Le centre et l'arrière-garde combattaient avec la même valeur que les vaisseaux de tête. L'*Indomptable* et le *Tyrannicide* furent désemparés.

« L'avant-garde, à qui depuis plus d'une heure je faisais le signal de virer de bord, n'obéissant pas à cet ordre, et cette inexécution m'engageant fort loin, l'ennemi crut que je lui abandonnais ces deux vaisseaux et n'observa plus d'ordre. Toute cette armée entoura mes deux malheureux bâtiments, qui faisaient des deux bords un feu qui doit immortaliser les capitaines Dordelin et la Mesle. Les armes de la République finirent par triompher. Je dégageai mes vaisseaux ; l'ennemi, en désordre, fut écrasé et obligé de tenir les vents, que j'avais perdus pour aller couvrir l'*Indomptable* et le *Tyrannicide*.

« Ce combat, commencé à dix heures du matin, finit à sept heures du soir. Ma conduite a mérité les éloges les plus flatteurs de Jean-Bon-Saint-André. Le suffrage de ce représentant a d'autant plus de prix à mes yeux qu'il a de grandes connaissances en marine.

« VILLARET-JOYEUSE. »

Trois jours après, le même amiral écrivait aux membres de la même commission de marine :

« La fortune de la marine française a bien changé depuis ma lettre du 11 prairial. L'ennemi, à qui j'avais été obligé de céder le vent, dans la journée du 10, pour dégager l'*Indomptable* et le *Tyrannicide*, m'a constamment observé jusqu'à la fatale journée d'hier. Je ne doutai pas, d'après les dispositions qu'il avait faites la veille, d'être attaqué le lendemain; je formai en conséquence l'ordre de bataille, bâbord-amures, les vents au sud. Jamais ligne ne fut mieux formée que celle de la République, et jamais je n'eus plus d'espoir, d'après l'ardeur des équipages, de triompher de la tyrannie coalisée.

« Le combat commença à neuf heures du matin jusqu'à trois. Le *Jacobin*, qui était mon matelot de l'arrière, perdit son poste. Le vaisseau amiral, qui me combattait, profita de cette faute; il coupa la ligne, quoiqu'il ne fût pas suivi; et si le matelot d'arrière du *Jacobin* avait fait voile, Howe ne s'en serait jamais tiré.

« Cet amiral, malgré la position avantageuse qu'il avait prise, me battant sous la hanche au vent, ne put résister au feu de la *Montagne*. Je l'obligeai, par quelques volées, à rallier le vent, et j'eus la consolation, enfin, de voir tomber son mât de misaine. Cet événement m'attira sur le corps six vaisseaux, que je combattis seul pendant une heure. Ces bâtiments m'ayant enfin abandonné, j'eus la douleur, quand le tourbillon de fumée se fut dissipé, de ne voir aucun vaisseau français devant moi : toute l'avant-garde avait plié (1). Le *Terrible* seul avait gardé son poste jusqu'au moment où son grand mât et son mât d'artimon tombèrent. Forcé de laisser arriver pour rallier mon avant-garde, je fis virer sept à huit vaisseaux pour revenir à la charge. Ce mouvement fut exécuté; mais quelle fut ma surprise de voir tous les bâtiments de l'arrière-garde démâtés, pêle-mêle avec les Anglais! Ne pouvant pas assez gagner le vent pour les couvrir, je mis en panne par le travers, pour donner facilité à ceux qui avaient déjà regréé quelques gaules, d'arriver sur moi. J'eus le bonheur d'en sauver cinq, parmi lesquels est le *Républicain*, où, par ordre du représentant, Nielly avait arboré le pavillon le jour de son arrivée.

« Les frégates et les corvettes, à qui j'avais donné 'ordre de louvoyer, afin de s'élever jusqu'à ceux qui étaient le plus près du vent, pour leur donner des remorques, m'assurèrent que ceux que je voyais démâtés étaient ennemis. Je ne me dissimule cependant pas qu'il est resté dans cette malheureuse affaire quelques-uns des bâtiments français, parce que j'en avais remarqué un totalement démâté, par le travers d'un anglais, dans le même état et coulant bas! car la première batterie était déjà noyée, et le capitaine de la *Proserpine* m'a assuré l'avoir vu disparaître avec son pavillon de Saint-Georges.

« Si l'avant-garde n'avait pas plié, et que je n'eusse pas été obligé d'arriver plus d'une lieue pour la rallier, je me serais trouvé, dans mon virement de bord, au vent de l'arrière-garde, et non-seulement je n'aurais pas perdu de vaisseaux, mais j'eusse eu, au contraire, les honneurs de la journée.

« Ne pouvant louvoyer jusqu'aux vaisseaux désemparés, et, pas un des bâtiments qui me suivaient ne pouvant exécuter l'ordre que je leur donnais d'aller jeter les remorques, je restai deux heures en panne sous le vent de l'ennemi, pendant lequel temps nos frégates et corvettes cherchant les Français, parmi les dix-sept vaisseaux rasés comme des pontons. Mais cinq seulement, comme je vous l'ai fait observer, se déchargèrent avec leur civadière, sans aucun obstacle.

« Pas un Anglais ne laissa arriver d'une encâblure. Je fis servir enfin, à huit heures du soir, avec dix-neuf vaisseaux, des vingt-six que j'avais au commencement du combat. Les capitaines des frégates m'assurèrent en avoir vu trois, de l'avant-garde, démâtés d'un ou deux de leurs mâts majeurs, laisser arriver dans l'arrière, et s'éloigner beaucoup pendant l'action. Ainsi, je ne connais pas au vrai ma perte. J'en traîne cinq complètement démâtés, et j'en ai laissé douze à treize dans le même état sur le champ de bataille. L'ennemi n'a certainement pas en ce moment six vaisseaux en état de combattre. Le vent seul lui a donné l'avantage.

(1) Le *Vengeur* avait déjà sombré.

« Je crois avoir fait mon devoir et comme général et comme soldat. Je ne me reproche pas la plus légère faute. Le feu de la *Montagne* et le nombre de morts et de blessés, parmi lesquels je déplore la perte de mon capitaine de pavillon, de l'agent comptable maritime, et de la moitié de mes officiers et trois cents hommes, enfin, de mon équipage, tant tués que blessés, prouveront à la France entière que les événements seuls ont causé le résultat malheureux de cette journée.

« J'ai donné ordre ce matin à la *Précieuse* d'aller encore croiser, pendant huit jours, dans les parages où j'attendais Van-Stabel.

« VILLARET-JOYEUSE (1). »

La nouvelle du désastre maritime du 13 prairial causa une douleur profonde dans toute la France; la commission de marine parla de faire une enquête sur la conduite de Villaret-Joyeuse; mais l'arrivée du représentant Jean-Bon-Saint-André rassura la Convention et dissipa la panique des esprits. On connut alors seulement la fin héroïque du *Vengeur*, et le dévouement surhumain de son équipage fit oublier, en quelque sorte, la perte de sept vaisseaux que nous avait coûtée le combat du 13 prairial.

Placé sur la flotte pour tout observer et en rendre compte à la Convention, Jean-Bon-Saint-André suppléa à l'insuffisance des premières relations.

« Un convoi précieux, dit ce représentant, un convoi chargé de substances et de denrées coloniales était attendu des États-Unis d'Amérique. L'Anglais le convoitait et Pitt avait promis de s'en emparer; des forces redoutables avaient été disposées sur divers points pour l'intercepter.

« Le moment du départ de ce convoi, sa marche, le point où il devait arriver, la force de son escorte, celle des vaisseaux envoyés à sa rencontre, tout était connu. La saison des gros vents était passée. Le convoi, retardé soit par la lenteur ou la malveillance, soit par les entraves qu'il avait rencontrées, ne pouvait plus arriver à l'époque favorable où il était attendu. La division commandée par le contre-amiral Nielly était insuffisante pour le défendre.

« Le comité de salut public sentit qu'il fallait à tout prix conserver les subsistances du peuple : il ordonna à l'armée commandée par le contre-amiral Villaret-Joyeuse de se porter en avant du convoi, et l'unique objet de ce général devait être seulement de favoriser l'entrée du convoi.

Ce fut le 9 prairial, à 8 heures du matin, que la flotte française aperçut les vaisseaux. Cette journée se passsa en manœuvres de part et d'autre.

Un des vaisseaux français, le *Révolutionnaire*, par des motifs restés inconnus, avait diminué de voiles, à l'apparition de l'ennemi. Malgré les signaux qui lui furent faits, il demeura sous le vent et à l'arrière de l'armée, en sorte qu'à l'entrée de la nuit, et lorsque la flotte ne pouvait plus l'observer, il fut engagé par plusieurs vaisseaux anglais. On apprit bientôt que ce

(1) Documents réunis à la section historique du ministère de la marine. — James, *Histoire navale de la Grande Bretagne*, tom. 1.

vaisseau avait été désemparé et son capitaine tué. Le vaisseau l'*Audacieux*, qui le rencontra le lendemain, le prit à sa remorque et le conduisit à Rochefort.

Les deux armées demeurèrent en observation pendant toute la nuit. Le 10 au matin, l'amiral anglais manœuvra de manière à faire juger aux Français que son intention était d'attaquer leur arrière-garde. Ils manœuvrèrent de leur côté pour l'empêcher, et du mouvement des deux armées devait suivre un engagement, qui eut lieu en effet.

L'avant-garde ennemie, forcée de plier, vira sur son arrière-garde, et se porta sur celle de l'armée française. Le retard apporté dans l'exécution des ordres du général mit aux prises deux vaisseaux français, l'*Indomptable* et le *Tyrannicide*, avec des forces infiniment supérieures. Ces deux vaisseaux souffrirent beaucoup du feu de l'ennemi, et déjà ils étaient désemparés. Vainement le signal répété de virer de bord pour se porter à la queue, flottait-il à la tête du mât. Le vaisseau de tête ne bougeait pas, et il arrêtait le mouvement de toute la ligne.

Villaret-Joyeuse se crut un moment abandonné : il prit son parti avec beaucoup de hardiesse, vira de bord le premier, fit signal à la flotte de le suivre, et, ne sachant si ce signal serait mieux exécuté que les autres, il se plaça à la tête de la ligne, résolu, s'il le fallait, d'aller seul dégager ses deux vaisseaux. Tous suivirent, à l'exception d'un seul. L'armée française touba sur l'armée anglaise, qu'elle surprit en désordre.

Mais malheureusement la lenteur qu'on avait mise à obéir, avait fait perdre à la flotte l'avantage du vent qu'elle avait au commencement de l'action : cela n'empêcha pas qu'elle ne fît un feu terrible sur l'ennemi : mais les Anglais purent s'échapper, en forçant de voiles ; ils se retirèrent avec précipitation en abandonnant les deux vaisseaux et le champ de bataille.

La ligne anglaise était composée ce jour-là de trente vaisseaux de ligne. Deux furent obligés de se retirer, et un autre fut rencontré quelques jours après par la frégate la *Bellone*, qui lui donna vigoureusement la chasse.

Le combat du 10 avait duré sept à huit heures, et, s'il n'avait pas été décisif, il avait été glorieux pour les armes de la France. Le champ de bataille était le lieu même assigné au passage du convoi. Les Français devaient s'attendre à être observés par les Anglais ; Villaret-Joyeuse savait que l'ennemi avait dans ces parages une division de six vaisseaux de ligne qui cherchait à effectuer sa jonction avec l'amiral Howe ; cette division dut le joindre dans la journée du 10, car, après le combat, les Français aperçurent devant eux des vaisseaux que le brouillard les empêcha de reconnaître.

Le salut du convoi était l'objet de la mission confiée à Villaret-Joyeuse : il jugea que, dans sa position, ce qu'il avait de mieux à faire était d'éloigner l'ennemi de la route qu'il devait suivre. Il calcula qu'en tenant la bordée du large, il entraînerait l'Anglais dans le nord et dans l'ouest de cette route, et, que, par ce moyen, le convoi passerait à vingt-cinq

lieues environ au sud des deux flottes. Cette combinaison était d'autant plus juste qu'elle se trouva vérifiée par l'événement.

Le 13, pendant que les deux armées étaient en présence, le contre-amiral Vanstabel passa sur le champ de bataille du 10 ; il y trouva les débris du combat, tels que des hunes, des pièces de sculpture, des galeries ; il fut rallié sur le même point par le vaisseau le *Montagnard*, qui s'était séparé de la flotte, et par la frégate la *Seine* qui l'avait suivi.

Le brouillard épais qui obscurcit l'horizon, pendant toute la journée du 11 et une partie de celle du 12, ne permit pas aux Français d'apercevoir l'armée anglaise ; elle reparut dans le vent, le soir de ce dernier jour. Elle courut sur les Français, mais ne jugeant pas à propos de les attaquer à l'entrée de la nuit, elle força de voiles pour s'élever au vent ; sa ligne se composait alors de vingt-quatre vaisseaux.

Le 13, les équipages de Villaret-Joyeuse en comptèrent distinctement vingt-huit, et en aperçurent quelques autres en réserve ; la *Proserpine*, qui fut chargée de les reconnaître, en compta trente-quatre, dont huit à trois ponts. Ce rapport s'accordait parfaitement avec les listes publiées par les journaux de Londres, au moment de la sortie de la flotte des ports d'Angleterre ; d'après ces listes, l'amiral Howe avait sous ses ordres trente-six vaisseaux de ligne, dont sept à trois ponts ; huit officiers généraux, tous d'un nom connu dans la marine anglaise, en commandaient les différentes divisions.

La flotte française était composée de vingt-six vaisseaux, dont quatre, formant la division du contre-amiral Nielly, étaient épuisés par une longue croisière ; elle ne comptait que trois vaisseaux à trois ponts et trois officiers généraux.

Ce fut avec cette inégalité de forces que le combat s'engagea ; Villaret-Joyeuse et le représentant Jean-Bon-Saint-André ne crurent pas devoir l'éviter. Ils craignaient qu'en prenant chasse devant les Anglais, ceux-ci ne fissent pendant quelque temps semblant de les poursuivre, et que, abandonnant aussitôt une poursuite infructueuse, ils ne se reportassent sur la route du convoi. Ils pensèrent qu'il était plus conforme aux vues de la Convention et à l'intérêt public, de périr plutôt que de livrer à l'Angleterre un si riche butin, et de lui abandonner les subsistances d'un grand peuple. Pour Villaret-Joyeuse, la victoire, quelles que fussent les chances du combat, était de mettre l'armée anglaise hors d'état de tenir la mer.

Tels furent les motifs qui déterminèrent le contre-amiral à soutenir le plus rude et le plus horrible combat dont l'Océan ait jamais été le théâtre.

L'action commença vers neuf heures du matin et dura jusqu'à trois heures de l'après-midi. La flotte française était en bon ordre et toutes les dispositions avaient été bien prises ; malheureusement la fougue et l'impétuosité inhérentes au caractère national, firent commettre des fautes très-graves, parmi lesquelles nous devons signaler la fausse manœuvre du capitaine Gallin, qui fut cause que la ligne se trouva coupée derrière la *Montagne*.

Cependant on se battit avec un acharnement hé-

Combat naval du *Vengeur* contre les vaisseaux anglais.

roïque : dans les deux flottes il y avait des vaisseaux complétement désemparés ; l'arrière-garde française soutenait le choc avec un courage, une intrépidité au-dessus de tout éloge. Les tourbillons de fumée étaient si épais qu'on ne se voyait plus..

Les Anglais cessèrent les premiers le feu ; alors, seulement, on put voir autour de soi. L'avant-garde française avait plié ; elle était à près d'une demie lieue sous le vent ; cette circonstance seule enleva des mains de Villaret-Joyeuse la plus belle victoire. Si elle eût gardé son poste, le contre-amiral, en virant de bord, comme c'était son intention, eût couvert tous les vaisseaux désemparés des deux nations ; il fut forcé d'arriver pour rallier cette avant-garde ;

cette manœuvre lui fit perdre du terrain, et l'empêcha de s'élever assez dans le vent pour sauver tous ses vaisseaux.

« L'amiral Howe. s'écria Jean-Bon-Saint-André, dans son rapport à la Convention, l'amiral Howe, a dit à la cour qu'il avait fait fuir l'amiral français. Il aurait dû dire que cet amiral avait rallié son avant-garde et viré de bord pour courir sur les vaisseaux maltraités ; que, ne pouvant pas gagner dans le vent, il avait mis en panne, y était demeuré au moins cinq heures, et avait envoyé ses frégates pour donner des remarques, sans que ces petits bâtiments fussent inquiétés.

« Le *Pavillon*, corvette de huit canons de quatre,

alla prendre un des vaisseaux français sous la volée de l'ennemi, sans recevoir un coup de canon. Immobiles pendant toute cette opération, les Français avaient la flotte anglaise au vent : ils ne pouvaient pas aller vers elle, mais elle pouvait courir vers eux. Pourquoi ne l'a-t-elle pas fait?

La vérité est que l'ennemi fut plus maltraité que l'escadre républicaine, et il fut bien forcé d'avouer qu'il était hors d'état de tenir la mer.

D'ailleurs, il y avait un convoi à intercepter; ce convoi était attendu à Londres, on l'y avait vendu par avance ; des capitaines de commerce, pris par Vanstabel, en étaient si convaincus, qu'ils lui disaient avec arrogance :

— Vous nous prenez en détail, mais l'amiral Howe vous prendra en gros.

« Si nous avons perdu des vaisseaux, dit Jean-Bon-Saint-André en terminant son rapport, nous pouvons du moins rendre à nos frères d'armes cet honorable témoignage qu'ils n'ont livré à l'ennemi que des carcasses abîmées, et qu'en succombant ils ont forcé les Anglais à admirer leur courage.

Ce n'est pas seulement à bord de la *Montagne* qu'on a signalé des actes d'héroïsme ; il n'est pas de vaisseau qui n'offre les siens. L'Anglais se vante de ce qu'il appelle une victoire ; mais il ne se vantera pas sans doute de la fuite d'une division de douze vaisseaux de ligne que nous avons forcée de s'éloigner de nos côtes, le 21 prairial.

« La marine de la République, encore à son berceau, a fait des prodiges de valeur. Soignez son éducation, favorisez son instruction par tous les moyens qui sont en votre pouvoir, et bientôt elle se montrera avec un éclat qui intimidera les ennemis de la patrie. »

Dans son rapport, Jean-Bon-Saint-André ne fit point mention du *Vengeur*, parce qu'il savait que Barrère devait parler sous peu de jours à ce sujet, au sein de la Convention ; d'ailleurs ce représentant se trouvait, ainsi que nous l'avons déjà dit, à bord du vaisseau amiral la *Montagne*, et n'avait pu être témoin de l'héroïque combat du *Vengeur*, placé à l'extrême avant-garde. Mais le sublime dévouement de son équipage, immortalisé par un si beau trépas, eut un retentissement immense dans la France entière : la patrie se trouvait alors en lutte avec toute l'Europe coalisée : les représentants de la nation, justes appréciateurs du courage que déployaient les armées de terre et de mer, s'occupèrent des marins du *Vengeur*, et Barrère, chargé de faire un rapport, au nom du comité de salut public, s'acquitta de sa mission avec la verve fougueuse qui caractérisait les motions de cette époque.

Le 9 juillet (21 messidor), il présenta à la Convention son rapport, dans lequel il avait recueilli tous les témoignages rendus par les journaux de Londres à la valeur que les marins français avaient déployée le 29 mai et le 1er juin (10 et 13 plairial). Au nombre des actes qui excitèrent, et à plus juste titre, l'admiration universelle, fut la conduite de l'équipage du vaisseau le *Vengeur*. Les républicains qui le montaient, dit l'orateur, voyant qu'ils allaient couler bas,

et ne voulant pas se rendre, se réunirent tous sur le pont, et là, après avoir arboré tous les pavillons et toutes les flammes, ils s'élancèrent et disparurent ensemble dans les flots, aux cris, de :

Vive la liberté! Vive la France!

Nous ne reproduirons pas en entier le discours de Barrère qui pèche, à notre avis, par l'exagération de l'enthousiasme : dans ce temps de tempêtes politiques à l'intérieur, et de guerres terribles sur les frontières, il était bien difficile de rester dans les justes limites de la vérité absolue.

Nous nous bornerons à citer la fin de son discours qui a trait aux récompenses nationales à décerner aux survivants, et à l'admiration que la patrie doit à ceux de ses enfants qui sont morts pour sa gloire et son honneur.

« Un monument s'élève au milieu de la commune de Paris, dit Barrère, c'est le Panthéon : ce monument de la reconnaissance nationale est aperçu de toutes les frontières; qu'on l'aperçoive donc aussi du milieu de l'Océan.

« Nous n'avons jusqu'à présent décerné aucun honneur aux héros de la mer ; ceux de la terre seuls ont obtenu des hommages. Pourquoi ne vous proposerait-on pas de suspendre à la voûte du Panthéon français un vaisseau qui serait l'image du *Vengeur*, et d'inscrire sur la colonne du Panthéon les noms des braves marins qui composaient l'équipage de ce vaisseau, avec l'action courageuse qu'ils ont faite?

« C'est par de tels honneurs qu'on perpétue le souvenir des grands hommes et qu'on sème sur les terres de la patrie des semences de courage et de vertu ; c'est ainsi que le Panthéon, par un seul décret de la Convention nationale, se changera en un atelier terrible, où se formeront des vaisseaux et des marins : car ce n'est pas assez de former des héros par des récompenses nationales, il faut encore rendre à la marine française le vaisseau que la mer a englouti. Non, il ne périra pas parmi nous le souvenir du *Vengeur!* et ce nom glorieux va être donné, par vos ordres, au vaisseau à trois ponts qui, dans ce moment, est en construction dans le bassin couvert de Brest.

« Il faut conserver aussi le souvenir de ce vaisseau, qui a été le théâtre de tant de gloire et de vertu. Qu'il reparaisse donc sur la mer le vaisseau le *Vengeur!* et que bientôt il aille justifier son nom et sa renommée en se réunissant à une escadre qui devienne victorieuse des ennemis de la France.

« Mais n'est-il pas encore des monuments plus durables de la gloire? N'avons-nous pas d'autres moyens d'immortaliser les noms que nous admirons? Les actions des hommes célèbres de l'antiquité, qui obtinrent aussi des temples qui ne sont plus, ne sont-elles pas encore vivantes dans des tableaux et des écrits?

« C'est aux poëtes et aux peintres à retracer et à peindre l'événement du *Vengeur;* c'est à leurs vers consolateurs, c'est à leurs tableaux reconnaissants à transmettre à la postérité ce que la Convention nationale trouva grand, généreux ou utile.

« Ouvrons donc un concours honorable à la poésie et à la peinture, et que des récompenses nationales, décernées dans une fête civique, régénèrent les arts et encouragent les artistes.

« Ou plutôt, David, reprends les pinceaux, et que ton génie arrache au sein des mers le vaisseau célèbre dont les marins ont arraché l'admiration des Anglais eux-mêmes.

« Que ne puis-je, s'écria Barrère, faire entendre ma voix de tous ceux qui défendent la patrie sur les mers ! je leur dirais : « Marins de la France ! quand « vous irez confier ses destinées à cet élément ter« rible, tournez un instant vos regards vers le Pan« théon, voyez-y la patrie reconnaissante ; souvenez-« vous surtout du *Vengeur !*

« Français ! soyez braves et grands comme les ma« rins qui montaient le *Vengeur*, et les martyrs de « l'honneur national se réjouiront encore dans leur « tombeau, creusé par leur courage dans l'abîme des « mers ! »

La Convention nationale, sous l'influence de ce rapport, fait au nom du comité de salut public, décréta :

« Art. 1er. Une forme du vaisseau de ligne le *Vengeur* sera suspendue à la voûte du Panthéon, et les noms des braves marins composant l'équipage de ce vaisseau seront inscrits sur la colonne du Panthéon.

« Art. 2. A cet effet, les agents militaires des ports de Brest et de Rochefort enverront, sans délai, à la Convention nationale, le rôle d'équipage du vaisseau le *Vengeur*.

« Art. 3. Le vaisseau à trois ponts qui est en construction dans le bassin couvert de Brest, portera le nom du *Vengeur*. Le commissaire de la marine donnera des ordres les plus prompts pour accélérer la construction de ce vaisseau.

« Art. 4. La Convention nationale appelle les artistes, peintres, sculpteurs et poëtes, à concourir pour transmettre à la postérité le trait sublime de l'équipage du *Vengeur*. Il sera décerné, dans une fête nationale, des récompenses aux peintres et aux poëtes qui auront le plus dignement célébré la gloire de ces marins. »

Ce décret fut adopté au milieu des applaudissements de toute la Convention.

« Je demande, s'écria Jean-Bon-Saint-André, je demande, par article additionnel au décret que vous venez de rendre, que le commissaire de la marine et des colonies soit tenu de faire les informations nécessaires, pour savoir si, en exécution de la loi, des secours ont été accordés aux veuves et aux orphelins des braves marins qui montaient le *Vengeur*. »

Cette proposition fut adoptée, et l'impression du rapport de Barrère décrétée.

Le décret de la Convention excita le plus vif enthousiasme dans toute la population, qui s'était armée comme un seul homme pour sauvegarder l'indépendance nationale et le territoire menacé par la coalition européenne. Dans les camps et sur tous les vaisseaux des escadres de la République on parla de l'équipage du *Vengeur*, et chaque soldat jura d'imiter

le courage de ces marins intrépides, qui s'étaient engloutis dans l'Océan avec leur glorieux drapeau.

Le peintre David peignit cet épisode de nos grandes guerres, et le poëte Lebrun le chanta dans l'ode suivante :

Au sommet glacé du Rhodope,
Qu'il soumit tant de fois à ses accords touchants,
Par de timides sons le fils de Calliope
Ne préludait point à ses chants.

Plein d'une audace pindarique,
Il faut que des hauteurs du sublime Hélicon,
Le premier trait que lance un poëte lyrique
Soit une flèche d'Apollon.

L'Etna, géant incendiaire,
Qui, d'un front embrasé fend la voûte des airs,
Dédaigne ces volcans dont la froide colère,
S'épuise en stériles éclairs.

A peine sa fureur commence,
C'est un vaste incendie et des fleuves brûlants;
Qu'il est beau de courroux, lorsque sa bouche immense
Vomit leurs flots étincelants.

Tel éclate un libre génie,
Quand il lance aux tyrans les foudres de sa voix :
Telle à flots indomptés sa brûlante harmonie
Entraîne les sceptres des rois.

Toi que je chante et que j'adore.
Dirige, ô liberté! mon vaisseau dans son cours.
Moins de vents orageux tourmentent le Bosphore
Que la mer terrible où je cours.

Argo, la nef, à voix humaine,
Qui mérita l'Olympe et luit au front des cieux,
Quelque fut le succès de sa course lointaine,
Prit un vol moins audacieux.

Vainqueur d'Eole et des pléiades,
Je sens d'un souffle heureux mon navire emporté ;
Il échappe aux écueils des trompeuses cyclades
Et vogue à l'immortalité.

Mais des flots fut-il la victime,
Ainsi que le *Vengeur* il est beau de périr ;
Il est beau, quand le sort vous plonge dans l'abîme,
De paraître le conquérir.

Trahi par le sort infidèle,
Comme un lion pressé de nombreux léopards,
Seul au milieu de tous, sa fureur étincelle,
Il les combat de toutes parts.

L'airain lui déclare la guerre;
Le fer, l'onde, la flamme entourent ses héros,
Sans doute ils triomphaient, mais leur dernier tonnerre
Vient de s'éteindre dans les flots.

Captifs !.. La vie est un outrage,
Ils préfèrent le gouffre à ce bienfait honteux .
L'Anglais, en frémissant, admire leur courage,
Albion pâlit devant eux.

Plus fiers d'une mort infaillible,
Sans peur, sans désespoir, calmes dans leurs combats,
De ces républicains l'âme n'est plus sensible,
Qu'à l'ivresse d'un beau trépas.

Près de se voir réduits en poudre,
Ils défendent leurs bords enflammés et sanglants,
Voyez-les défier et la vague et la foudre
Sous des mâts rompus et brûlants.

Voyez ce drapeau tricolore
Qu'agite en périssant leur courage indompté;
Sous le flot qui les couvre entendez-vous encore
ce cri : *Vive la liberté !*

Ce cri, c'est en vain qu'il expire,
Etouffé par la mort et par les flots jaloux,
Sans cesse il revivra répété par ma lyre,
Siècles! il planera sur vous !

Et vous, héros de Salamine,
Dont Thétis vante encore les exploits glorieux,
Non, vous n'égalez point cette auguste ruine,
Ce naufrage victorieux !

Le *Vengeur* devint ainsi, en peu de temps, l'objet de l'admiration de tous les Français; à bord des escadres, les amiraux disaient à leurs équipages au moment de livrer bataille à l'ennemi :

« Marins de la République française, souvenez-« vous du vaisseau le *Vengeur*. »

La poésie, la peinture et tous les arts réunis travaillèrent à l'envi à transmettre à la postérité le souvenir de ces trépas héroïques; mais le décret de la Convention suffisait seul pour assurer l'immortalité aux officiers et matelots morts pour l'honneur du drapeau.

Il parut alors plusieurs relations de cet épisode si dramatique du combat livré le 13 prairial; quelques-unes sont évidemment exagérées; celles qu'on a faites depuis sont écrites avec partialité et dans des vues hostiles à la gloire des armées de 1793.

Après avoir reproduit les rapports de Villaret-Joyeuse, de Jean-Bon-Saint-André et la motion de Barrière, il nous reste encore, pour compléter l'historique du *Vengeur*, à publier la relation que le capitaine Renaudin et les officiers qui échappèrent à ce glorieux désastre, adressèrent de Londres, où ils étaient prisonniers, à la commission de marine. Ce rapport diffère de ceux que nous avons déjà cités, en ce qu'il se rattache spécialement à la conduite que tint l'équipage du *Vengeur*, depuis le jour où l'escadre de l'Océan sortit du port de Brest, jusqu'au 13 prairial. Dans les deux combats qui précédèrent cette dernière journée, à la fois si glorieuse et si funeste pour notre marine, le *Vengeur* combattit toujours au premier rang, bravant tous les vaisseaux ennemis et les criblant de ses formidables bordées. Le 13, le *Vengeur* se trouvait placé à l'avant-garde; il lutta avec une énergie indomptable contre des forces trois fois supérieures, et, sans un accident déplorable survenu par suite d'une fausse manœuvre, le terrible vaisseau, digne en tous points de son nom de *Vengeur*, eût incendié ou coulé bas les trois bâtiments contre lesquels il se trouvait engagé.

Voici le rapport du capitaine Renaudin, commandant le *Vengeur*, tel qu'il existe aux archives du ministère de la marine.

« Aujourd'hui 1er messidor an II de la République française (19 juin 1794), nous soussignés, capitaine, officiers, chefs civils et autres personnes de l'équipage du vaisseau le *Vengeur*, coulé bas le 13 prairial dernier, nous trouvant prisonniers de guerre, au cautionnement de Tavistock, en Angleterre, assemblés pour rédiger le récit des événements qui ont précédé et entraîné la perte du vaisseau le *Vengeur*, faisant partie de l'escadre aux ordres du contre-amiral Villaret, y avons procédé ainsi qu'il suit :

« Nous trouvant, le 9 dudit mois de prairial, par la latitude de 47° 24' nord et par la longitude de 17° 28', méridien de Paris, les vents de la partie du sud, l'armée naviguant sur trois colonnes, à 8 heures du matin, les frégates françaises à la découverte, signalèrent l'armée ennemie, composée de trente-six voiles, vingt-six vaisseaux de ligne, dont sept à trois ponts, un de cinquante, servant d'hôpital, quatre frégates, trois corvettes et deux brûlots, le tout anglais.

« Sur-le-champ, le général, pour mieux reconnaître l'ennemi, fit arrêter l'armée française, en conservant l'ordre de trois colonnes, nous faisant arriver à deux lieues environ de lui. Le signal fut fait de former la ligne de bataille dans l'ordre naturel, en se formant sur la colonne du centre. L'expérience de notre marine ne répondait pas, selon nous, à la bonne volonté de plusieurs officiers. Nous eûmes la douleur de voir que cette manœuvre ne put être exécutée.

« Cependant quatre vaisseaux et quatre frégates détachées de l'armée anglaise serraient le vent et paraissaient vouloir attaquer la queue de la nôtre. Alors le général Villaret, se voyant pressé, et mécontent sans doute d'éprouver des difficultés, donna ordre à chacun des vaisseaux de prendre rang, sans avoir égard à son poste, et au vaisseau le *Révolutionnaire* d'aller à la guerre. A huit heures du soir, celui-ci, deux ou trois autres, se trouvèrent engagés; nous fûmes témoins du combat jusqu'à dix heures; il nous parut ne leur être pas avantageux.

« L'escadre ne donna point de secours à ces vaisseaux et continua toujours à l'est, courant même bordée que l'ennemi à vue. Au jour, nous n'avons plus aperçu le vaisseau de notre arrière-garde. Le lendemain 10, sur les neuf heures du matin, ventant gros frais, toujours du sud, l'ennemi vira d'abord vent devant par la contre-marche, et porta de nouveau sur le devant de l'armée républicaine, en cherchant à gagner le vent.

« Nous exécutâmes la même manœuvre, lof pour lof, et reçûmes l'ordre de nous disposer au combat. Les vaisseaux de la tête des deux flottes se joignirent bientôt, et le combat commença; mais l'avantage n'était pas égal; l'ennemi pouvait se servir de sa batterie basse, et nous, au vent, la bande de son côté, l'eau s'élevant au-dessus des sabords, nous étions dans l'impossibilité d'en faire usage. Ces inconvénients, néanmoins, n'étaient pas capables de déconcerter des républicains. Le feu fut très-vif et se soutint avec la même ardeur jusqu'à midi; les Anglais, s'apercevant d'un peu de désordre dans la queue de notre armée, voulurent en profiter; la tête de leur ligne vira lof pour lof, par la contre-marche, en prolongeant notre armée sous le vent. Ils maltraitèrent plusieurs de nos vaisseaux, et le *Vengeur*, pour les empêcher de couper la ligne, reçut le feu de dix des leurs.

« Il fallait faire la même manœuvre que l'ennemi, et le général français donna l'ordre d'abord à la tête de l'armée de virer vent devant par la contre-marche. Cette évolution ne paraissant pas s'exécuter, nous ne savons pourquoi, il fit le signal pour la question de savoir si on ne le pouvait pas. Il n'eut point de réponse. Il donna l'ordre de tirer lof pour lof, et ne fut pas plus heureux.

« L'instant était critique, et, dans cette circonstance pressante, le chef de l'armée dut s'irriter de trouver tant d'obstacles; mais son génie sut les surmonter; car nous ne pouvons pas nous empêcher de dire, avec la sincérité qui dicte cet écrit, que le citoyen Villaret a montré dans cette crise tout le talent d'un général, et qu'il a justifié la confiance des braves républicains qu'il commandait.

« Il donna l'ordre enfin de virer de la même manière, tous à la fois, sans avoir égard au rang. Cette manœuvre réussit, et, dans un quart d'heure, l'ordre de bataille fut formé d'une manière satisfaisante. Nous nous trouvâmes sous le vent : le vaisseau le *Vengeur*, par hasard, ou peut-être par la promptitude de son évolution, était à la tête de la colonne, chef de file du commandant. Il se battit contre deux vaisseaux à trois ponts et aurait été fort maltraité si les vaisseaux la *Montagne* et le *Scipion* ne fussent venus à son secours. La *Montagne* seconda ses efforts contre l'ennemi, et ils canonnèrent ensemble pendant environ une heure et demie ; mais le *Scipion* eut la précaution de se mettre à couvert du *Vengeur*, et lui coupa un grand étai et les bras de sa misaine.

« Sur les observations qui lui furent faites qu'il n'était pas à son poste, par le général et par nous, il alla le prendre presque à l'instant. Tous les vaisseaux ennemis se trouvaient en peloton ; ils étaient confondus ; le désordre paraissait être parmi eux, et certes, nous oserons le dire, les Français auraient pu en tirer parti ; mais ils étaient affalés sous le vent et ils s'éloignèrent.

« Le 11, dans la matinée, l'ennemi parut à trois lieues et demie ou environ, courant la même bordée que l'armée française. Nous l'observâmes autant que pût le permettre un brouillard très-épais, et bientôt, la brume ayant augmenté, nous le perdîmes tout à fait de vue.

« Le 12, la brume était si épaisse, qu'à peine apercevait-on un vaisseau à portée du pistolet.

« Le 13, le vent petit frais, de la partie du sud-est, sur les huit heures du matin, le temps s'étant éclairci, l'armée ennemie parut au vent, à la distance de deux lieues. Elle ne tarda pas à arriver sur nous. L'ordre de serrer la ligne et de se préparer au combat fut donné à l'armée française et aussitôt exécuté. Nous allions à petites voiles ; l'ennemi forçait davantage et en prolongeant notre colonne.

Le feu s'engagea ; le vaisseau le *Vengeur* avait essuyé le feu de deux vaisseaux, dont l'un à trois ponts, lorsqu'un troisième vint pour lui couper la ligne ; il fallait l'en empêcher ; en conséquence, nous forçâmes de voiles et vînmes au lof.

« Cette manœuvre aurait réussi, et le feu terrible de nos batteries, que notre équipage servait avec un courage et une ardeur mémorables, aurait criblé le vaisseau ennemi ; mais une circonstance imprévue rendit nos efforts infructueux. Ce vaisseau s'obstinait à vouloir couper chemin ; le *Vengeur*, déterminé à ne pas le souffrir, tenta l'abordage ; il y parvint, mais en élongeant, il se trouva accroché dans son bois par l'ancre de l'ennemi. Il lui envoya d'abord toute sa bordée, et ne put ensuite que lui tirer quelques coups de canon de l'arrière et de l'avant, parce qu'il n'y avait pas entre les deux vaisseaux assez d'espace pour passer les écouvillons de bois. L'anglais, au contraire, avec des écouvillons de toile, avait l'avantage de pouvoir se servir de tous ses canons.

« Dans ce moment, nous donnâmes l'ordre à un détachement de sauter à l'abordage (1). Tout était disposé pour l'exécution, mais il fallut bientôt renoncer à ce projet. Nous aperçûmes deux vaisseaux ennemis, dont un à trois ponts, qui arrivaient à l'autre bord.

« Chacun alla prendre son poste dans les batteries et le feu recommença. L'équipage, encouragé par les officiers, soutint ce nouveau choc avec une intrépidité vraiment républicaine ; nous reçûmes plusieurs volées à couler bas.

« De ce côté, l'ennemi commençait à nous abandonner lorsque la verge de l'ancre du vaisseau, avec laquelle nous étions abordés depuis plus de deux heures, cassa.

« Le vaisseau à trois ponts (1) le voyant s'éloigner, vira de bord, revint sur nous et nous tira deux autres volées qui démâtèrent le *Vengeur* de tous ses mâts, excepté celui d'artimon qui ne tomba qu'une demi-heure après. Nous ne pûmes lui riposter, parce que l'eau avait pénétré subitement dans les soutes et que l'équipage se disposait à pomper et à puiser. L'ennemi se trouvant de nouveau en désordre et confondu avec les vaisseaux qu'il avait engagés, l'armée française était sous le vent avec deux vaisseaux anglais et s'éloignait beaucoup.

« Nous avions l'espoir, sinon qu'elle reviendrait pour recommencer le combat, au moins qu'elle en ferait la feinte, pour obliger les Anglais à abandonner nos vaisseaux démâtés, et deux des leurs dont ils ne paraissaient pas beaucoup s'occuper. Nous n'eûmes pas cette consolation ; des raisons majeures, sans doute, y mirent obstacle ; mais nos deux frégates, où étaient-elles ? Quelle était leur mission ? Dans cette circonstance viennent-elles nous donner du secours ? Nous n'en reçûmes aucun, et nous n'en pouvons deviner la cause.

« Cependant le vaisseau le *Vengeur* approchait du moment où la mer allait l'engloutir ; le danger augmentait de la manière la plus alarmante, malgré les efforts de l'équipage à pomper et à puiser. Nous vîmes sortir du groupe ennemi deux de nos vaisseaux, dont un, le *Trente-et-un-Mai*, venait passer près de nous ; mais notre espérance fut bientôt évanouie. Il se disposait à nous prendre à la remorque, lorsque les Anglais le forcèrent de s'éloigner, en chassant de

(1) Si la ligne n'avait pas été coupée, dit le capitaine Renaudin dans une note ajoutée à son rapport, nous enlevions ce vaisseau, car personne de son équipage ne paraissait sur le pont, plusieurs des nôtres y montèrent, et éteignirent le feu qui avait pris en deux endroits. Ils furent obligés de descendre lorsque nous fûmes attaqués par deux autres vaisseaux.

(1) Nous avions supposé, dit Renaudin dans une seconde note, que le vaisseau le *Brunswick* avait coulé bas, ainsi que nous, ayant disparu après le combat ; mais nous avons appris depuis qu'il était arrivé en Angleterre, coulant bas d'eau. Ce vaisseau n'est plus susceptible de rendre aucun service ; il a eu dans le combat, le capitaine, plusieurs officiers, deux cents hommes tués et quatre-vingts et quelques blessés.

notre côté. L'eau avait gagné l'entrepont; nous avions jeté plusieurs canons à la mer; la partie de l'équipage qui connaissait le danger, répandait l'alarme. Ces mêmes hommes, que tous les efforts de l'ennemi n'avaient pas effrayés, frémirent à l'aspect du malheur dont ils étaient menacés; nous étions tous épuisés de fatigue, les pavillons étaient amarrés en berne.

« Plusieurs vaisseaux anglais avaient mis les canots à la mer, les pompes et les rames furent bientôt abandonnées. Ces embarcations, arrivées le long du bord, reçurent tous ceux qui les premiers purent s'y jeter. A peine étaient-ils débordés que le plus affreux spectacle s'offrit à nos yeux : ceux de nos camarades qui étaient restés sur le *Vengeur*, implorèrent des secours qu'ils ne pouvaient plus espérer; bientôt disparurent le vaisseau et les victimes qu'il contenait.

« Au milieu de l'horreur que nous inspirait à tous ce tableau déchirant, nous ne pûmes nous défendre d'un sentiment mêlé d'admiration et de douleur. Nous entendîmes en nous éloignant quelques-uns de nos camarades faire encore des vœux pour la patrie; les derniers cris de ces infortunés étaient ceux de :

Vive la France!

Vive la liberté!

« Ils moururent en les prononçant.

« Nous nous sommes occupés depuis cette malheureuse journée, à connaître le nombre des hommes échappés au désastre, et d'après nos différentes demandes verbales ou par écrit, nous avons connu qu'il s'était sauvé deux cent soixante-sept personnes; en sorte que de sept cent vingt-trois hommes qui composaient notre équipage avant le premier combat, il s'en est perdu quatre cent cinquante-six. En foi de quoi nous avons signé le présent procès-verbal pour valoir et servir, ce que de raison.

« RENAUDIN, Jean HUGIM, Louis ROUSSEAU, PELLET, TROUVÉE, LUSSET, PERRIN, GRANJANT, TALLON, etc., etc. »

Ce rapport du capitaine Renaudin a donné lieu depuis à de vives controverses entre les personnes qui se sont occupées d'une manière active de nos guerres maritimes.

D'un côté on a prétendu que le capitaine du *Vengeur* commit une faute des plus graves en abandonnant son équipage; de l'autre, on a dit, et nous sommes de l'avis de ces derniers, qu'il ne quitta son vaisseau qu'au moment où l'eau eut envahi les sabords.

Un vieux marin qui avait beaucoup connu un des matelots naufragés, nous disait à ce sujet, il y a quelques années :

— Lorsque le *Vengeur* eut épuisé les derniers moyens d'attaque et de défense, il survint une scission parmi les gens de l'équipage.

« On nous abandonne, on nous livre à l'ennemi, criaient les marins en chargeant pour la dernière fois leurs pièces. Amenons le pavillon.

— Non, non, répondit le plus grand nombre des matelots. La mort! mille fois la mort!.. plutôt que nous rendre à l'ennemi.

Cependant le vaisseau sombrait rapidement et l'eau gagnait déjà le pont.

— Rendez-vous, braves Français, criaient les Anglais pleins d'admiration pour le courage qu'avaient déployé les marins du *Vengeur*.

En même temps des chaloupes s'approchèrent du vaisseau presque englouti. Deux cents et quelques hommes se jetèrent à la nage et profitèrent de la dernière chance de salut que leur offrait l'ennemi. Le capitaine Renaudin et presque tous les officiers étaient de ce nombre.

Le reste de l'équipage qui avait de l'eau jusqu'à la ceinture resta immobile; quelques matelots agitaient le drapeau tricolore et chantaient en chœur des hymnes patriotiques : mais bientôt le silence de la mort succéda aux mâles accents de leurs rudes voix.

« L'Océan avait dévoré sa proie.

« Quant au capitaine Renaudin il fut parfaitement accueilli et bien traité par l'amirauté anglaise. Il obtint même la faveur de revenir en France avant l'échange des prisonniers.

« Peu de temps après son retour, il fut nommé contre-amiral. En l'an III de la République, il obtint le commandement d'une escadre composée de six vaisseaux de ligne, de trois frégates et de trois corvettes; il partit du port de Brest le 2 nivôse, et partagea avec les amiraux Martin et Delmotte le commandement de la grande flotte de la Méditerranée. Cette escadre était de dix-sept vaisseaux et de six frégates. Sortie de Toulon, elle se trouva bientôt près du golfe de Fréjus, en vue de la flotte anglaise, commandée par l'amiral Hostham, forte de trente voiles, dont vingt-trois vaisseaux de ligne. A la suite d'un engagement vigoureusement soutenu entre l'arrière-garde française et l'avant-garde ennemie, le feu se déclara à bord du vaisseau l'*Alcide* qui sauta et disparut ayant encore son pavillon et sa flamme.

« Le brave Renaudin paya noblement de sa personne pendant tout le temps que dura le combat du 25 messidor. Peu de temps après l'explosion de l'*Alcide*, l'ennemi vira de bord et abandonna les Français, quoiqu'ils fussent encore à quatre lieues du mouillage. Une partie de son avant-garde avait été fort maltraitée, et ce fut sans doute cette raison qui la fit replier sur son corps de bataille.

« L'escadre anglaise mit en panne; on la vit occupée à réparer ses avaries. Plusieurs de ses vaisseaux furent dégréés, entre autres un vaisseau à trois ponts, et un autre de soixante-quatorze démâté de son gouvernail.

« Le contre-amiral Renaudin, qui avait eu une large part au succès de cette journée, tint la mer jusqu'en l'an VII. Il fut alors envoyé à Naples en qualité de commandant d'armes. En 1801, le gouvernement consulaire le nomma inspecteur des ports de l'Océan, depuis Cherbourg jusqu'à Bayonne. De graves infirmités contractées dans le cours de ses longues et rudes campagnes, le forcèrent bientôt à prendre une retraite prématurée. Ce brave marin mourut le 20 avril 1809.

« Son frère Mathieu Renaudin, qui commandait en second le *Vengeur*, au combat du 13 prairial, fut aussi conduit en Angleterre où il resta quelque temps prisonnier. A son retour en France, après l'échange des prisonniers, il fut nommé capitaine de haut bord et pensionné; il a vécu jusqu'en 1836.

« Les deux frères avaient des enfants qui servaient comme mousses à bord du *Vengeur*; ils furent sauvés du naufrage et conduits en Angleterre. Je crois que l'un d'eux vit encore dans le département de la Charente-Inférieure.

— Vous croyez donc qu'il existe encore des marins du vaisseau le *Vengeur*?

— En doutez-vous, monsieur?

— J'ai de bonnes raisons pour être un peu incrédule à ce sujet.

— Quelles raisons? s'il vous plaît.

— D'abord, parce qu'il y a toujours eu en France des imposteurs et des vantards, qui se font passer pour des héros et des martyrs. Nous avons les vainqueurs de la Bastille : pourquoi n'aurions-nous pas des marins du *Vengeur*?

— Et si je vous donnais des preuves officielles.

— Ce serait différent.

— Eh bien, lisez le *Moniteur* du 30 septembre 1844. Nous prîmes le journal et nous lûmes le passage suivant :

Le 28 septembre 1844, le commissaire de la marine, à Marennes, Charente-Inférieure, adressait au journal la *Flotte*, la note suivante :

On lit depuis quelque temps dans un assez grand nombre de journaux des départements de l'ouest et de la capitale, qu'il n'existe plus qu'un seul marin des huit cents hommes d'équipage du vaisseau le *Vengeur*, qui prirent part au combat qu'il livra aux Anglais le 13 prairial an II, fait d'armes, au reste, que la marine française pourra toujours citer comme un des plus beaux de son histoire navale.

Cette assertion est erronée :

Voici les noms de ceux qui figurent encore sur les matricules de ce quartier, comme existants, et qui se trouvaient à bord, au moment de l'action :

M. RENAUDIN, médecin et maire de la commune du Gua (Charente-Inférieure), officier de la Légion-d'Honneur.

M. TORCHUT, André, matelot voilier, syndic des gens de mer, à l'Éguille, demi-soldier, né à l'Éguille, (Charente-Inférieure), le 21 août 1768, fait chevalier de la Légion-d'Honneur comme ayant pris part au combat.

M. MANEQUIN, François, matelot de troisième classe, né au Gua, le 1ᵉʳ août 1769.

M. CARLIÉ, Jean, matelot de troisième classe, né à la Tremblade, le 12 février 1774.

M. PRÉVANDEAU, Jacques, aide-timonnier, né à Mornac, le 15 juillet 1778.

M. DAVID, Jacques, matelot de deuxième classe, demi-soldier, né à la Tremblade, le 6 mars 1780.

« Pour ma part, depuis le 1ᵉʳ janvier 1834, que j'administre ce quartier, je n'ai pas laissé passer une seule occasion opportune, sans réclamer quelques secours en faveur de ces braves gens qui n'avaient point été proposés à la pension dite demi-solde, parce qu'ils cessèrent de naviguer dès le jour de leur retour des pontons anglais, et je dois dire ici que mes propositions ont toujours été accueillies avec empressement par tous les ministres qui se sont succédé.

— Eh bien, monsieur, fit mon interlocuteur d'un ton triomphant, croyez-vous maintenant qu'il existe encore des marins du *Vengeur*?

— En présence de semblables preuves, il n'est pas permis de douter. Mais comment se fait-il que les gouvernements qui se sont succédé, n'aient pas songé à honorer d'une manière plus efficace ces glorieux vétérans de nos grandes guerres.

— Ah! monsieur, s'écria le marin, si les gouvernements voulaient récompenser tous les soldats qui ont du courage, il n'aurait ni assez d'argent, ni assez de ruban rouge.

Nous serrâmes cordialement la main de ce rude et loyal enfant de l'Océan.

Après tout, il avait raison; dans la marine française comme dans nos armées de terre, le courage est passé à l'état de tradition nationale; dans les combats que nos flottes ont soutenus et livrés pendant les guerres de la Révolution et de l'Empire, nos marins ont rivalisé d'héroïsme avec l'équipage du *Vengeur*. A Aboukir, à Trafalgar, sur l'Océan et sur la Méditerranée, le pavillon français a toujours flotté avec gloire, et si la victoire s'est montrée quelquefois infidèle, jamais l'honneur du drapeau ne s'est trouvé en défaut.

Plusieurs marins distingués, entre autres le contre-amiral Kerguelen, ont sévèrement jugé la conduite de Villaret-Joyeuse, à la journée du 13 prairial :

« Je vais prouver, dit Kerguelen (1), que le combat fut livré contre les principes de la marine et de la politique. Le sang du citoyen est précieux, et il ne faut le verser que pour soutenir ses droits, conserver son honneur et défendre ses propriétés. Le 13 prairial, la flotte française combattit sans aucun motif, puisqu'elle ne le fit pas à la vue de l'escadre américaine, qu'elle attendait, et pour protéger son passage. La flotte de Villaret-Joyeuse devait aller au-devant des Américains, sur les îles de Corves et de Flores, lieu assigné pour le rendez-vous; évoluer et manœuvrer dans cette station, pour exercer les vaisseaux, et, aussitôt que la flotte eût paru, la ranger sous son escorte pour la conduire en bon ordre à Brest. Si elle avait rencontré l'armée anglaise sur son passage, elle l'aurait combattue, et, pendant le combat, la flotte aurait continué sa route avec les deux vaisseaux qui l'accompagnaient.

« Voilà les règles de la tactique et les principes de la marine. Huit jours avant le départ de l'armée, j'écrivis aux autorités de Brest pour leur tracer la conduite qu'il fallait tenir pour sauver la flotte. Au lieu de suivre mon plan, on *combattit pour combattre*. Si, après le combat, le convoi américain avait

(1) *Précis des causes de la destruction de la marine française pendant la révolution.*

rencontré trois vaisseaux ennemis seulement, comme il n'était escorté que de deux vaisseaux, le *Jean-Bart* et le *Tigre*, qui avaient chacun trois cents malades sur les cadres, il était entièrement pris, et tous les ports de l'Océan se fussent trouvés livrés aux horreurs de la famine. On sacrifia donc inutilement des hommes, des vaisseaux et les intérêts de la République. Mais l'ignorance et la présomption présidèrent alors à ses destinées sur l'Océan, et la défaite fut transformée en un véritable triomphe. En effet, on annonça une victoire après avoir perdu sept beaux vaisseaux qui portaient plus de cinq cents pièces de canon. On donna au commandant en chef le grade de vice-amiral, et l'on jeta des fleurs sur le passage du représentant embarqué sur la flotte, à son retour à Brest. »

Kerguelen se trouvait détenu, comme suspect, au mois de prairial 1794; nous comprenons donc, jusqu'à un certain point, l'amertume de ses paroles et la sévérité de ses appréciations; mais son jugement, bien qu'il ait son poids et sa valeur, est contredit et combattu par tous les rapports officiels de l'époque, même par celui du capitaine Renaudin et les principaux officiers du *Vengeur*.

Kerguelen n'a pas un seul mot d'éloge pour le dévouement héroïque de l'équipage de ce vaisseau :

« Un seul bâtiment, dit-il, le *Vengeur*, désemparé et coulant bas, avait été amariné par les ennemis. »

Il ne dit pas que les marins du *Vengeur*, avant de disparaître dans les flots avec leur cher et glorieux vaisseau, criblèrent de leurs boulets les bâtiments ennemis, et que, sans un de ces déplorables incidents, si fréquents dans les combats maritimes, ils seraient sortis victorieux de cette lutte pourtant si inégale.

Mais qu'importent à la mémoire de ces braves, de ces patriotes indomptables, les éloges ou l'oubli systématique de tel ou tel historien! Le nom du *Vengeur* vivra éternellement dans les annales de notre marine nationale, comme symbole d'honneur et de

mépris de la mort. Le décret de la Convention, qui lui décerna l'apothéose, fait partie de l'histoire de nos grandes guerres, et si jamais la patrie reconnaissante élève un monument aux héros du 13 prairial, on pourra y graver l'épitaphe que le poëte Simonide consacra à Léonidas et à ses trois cents Spartiates :

PASSANT,

VA DIRE A LACÉDÉMONE QUE NOUS SOMMES MORTS
POUR OBÉIR A SES LOIS.

Pendant les nuits d'été, disent les marins des côtes de Bretagne, lorsque le ciel est dégagé de brouillards et que la lune se mire dans les vagues de l'Océan, les capitaines de navires marchands et les pêcheurs attardés dans le golfe de Gascogne, aperçoivent à la surface de la mer un vaisseau de guerre tout désemparé, sans mâts, et ses sabords dans l'eau ; l'équipage, groupé sur le pont, fait entendre des chants patriotiques et agite des milliers de drapeaux tricolores qui étincellent comme des flammes à la faible lueur du crépuscule.

Ce vaisseau, ajoutent les marins, en posant l'index sur la bouche, comme pour vous faire comprendre qu'ils vous parlent d'une chose surnaturelle, ce vaisseau c'est le *Vengeur*. Vous savez... ce vaisseau qui s'abîma dans les flots plutôt que de se rendre à l'ennemi.

Ces vaillants morts ensevelis dans les profondeurs de l'Océan, sortent la nuit de leur tombeau liquide, et on assure que toutes les fois qu'une voile étrangère apparaît dans ces parages les trépassés font encore le branle-bas de combat, et répètent leur chant de guerre, comme à la journée du 13 prairial.

Prions pour eux et vénérons leur mémoire, car c'étaient de rudes enfants de la mer, qui aimaient bien notre pavillon et moururent noblement pour la patrie.

Telle est la légende du *Vengeur* le long des côtes de l'Océan.

V. M. CAYLA.

FIN.

LA SÉMILLANTE

« La mer est un vaste champ de bataille, disait un
« amiral anglais; un chef d'escadre, quand il n'a plus
« à combattre les ennemis de son pavillon, se trouve
« en butte à des adversaires bien plus redoutables
« encore que la canonnade et l'abordage, à la fu-
« reur du plus formidable des éléments. »

En effet, la vie du marin est une lutte perpétuelle
contre la mort; pour lui, pas de repos ni de sécu-
rité; et souvent, malgré toutes les précautions, malgré la vigilance la plus soutenue et toutes les ressources de la science nautique, il est englouti par la
tempête, sans qu'on puisse découvrir, d'une manière
certaine, l'heure ni les causes du sinistre.

Il y a un mois à peine, la France fut saisie d'une
profonde stupeur, qui ne tarda pas à se changer en
regrets malheureusement inutiles, lorsque les jour-

naux annoncèrent le naufrage de la frégate la *Sémillante*, un bâtiment tout neuf, qui avait fait la campagne de la Baltique, et venait d'être chargé de porter en Orient des hommes, des vivres et des munitions! un bâtiment dont le nom rappelait les plus beaux faits d'armes de la marine française!

Perdu corps et bien! La mer houleuse et courroucée l'avait broyé comme l'aquilon brise la paille, et ne laissait flotter à sa surface que d'informes débris!

C'est qu'il y a dans les anfractuosités que forment les océans des lieux redoutables et redoutés, comme les fabuleux écueils de Carybde et de Scylla. Malheur au vaisseau qui est entraîné par la tempête sur ces parages néfastes, où la mort semble avoir élu domicile. De tous temps, ils ont coûté quelques navires et des hommes intrépides aux marines de guerre de tous les pays.

De ce nombre sont les Bouches de Bonifacio, entre la Corse et la Sardaigne. Nos annales maritimes ont conservé les noms des navires de guerre ci-après, qui, depuis 1820, ont disparu corps et biens au milieu de ces écueils :

Le brick-goëlette la *Créole*, en 1823.

La gabarre l'*Active*, en 1827.

La gabarre la *Nantaise*, en 1828.

La *Bretonne* et le brick l'*Olivier*, en 1830.

Le brick-canonnière la *Lilloise*, en 1833.

La goëlette l'*Estaffette*, le brick-aviso le *Fabert*, en 1836.

La gabarre la *Désirée*, en 1839.

Le brick-aviso le *Dunois*, la canonnière-brick la *Vedette*, en 1812.

La goëlette le *Colibri*, en 1845.

La corvette le *Berceau*, en 1847.

Le brick le *Pandour*, en 1848.

Et pour clore cette trop longue et funèbre liste, la *Sémillante*, le 15 février 1854.

Que de pertes! que de larmes dans ces quelques lignes! Mais de tous ces coups, frappés au cœur de notre marine, le plus cruel est sans contredit le naufrage de la belle frégate dont le pavillon avait flotté, depuis la fin du siècle dernier, sur toutes les mers connues, et s'était couvert de gloire dans plus de cent combats.

Avant de raconter la triste et fatale fin de ce beau bâtiment, nous avons à le suivre dans sa longue et brillante carrière ; puisse son épopée maritime diminuer aux yeux de nos lecteurs l'épouvantable horreur du dénouement.

Les récits de gloire, de combats, avant l'hymne des mystérieuses funérailles.... ce sera une compensation.

Les fastes historiques de la *Sémillante* ne remontent pas au delà de 1778, époque si glorieuse pour la marine française, époque où le pavillon britannique, si longtemps dominateur, se baissa, humilié, devant l'héroïsme de nos équipages.

En 1782, dit Kirguelen (1), la *Sémillante*, commandée par M. d'Arnaud, s'empara, à quatre-vingts lieues

(1) *Histoire des Guerres maritimes de 1778 à 1796.*

de Madère, de la frégate anglaise la *Molly*, armée en guerre. Le combat fut long et acharné, et il y eut beaucoup de morts de part et d'autre.

Lorsque la paix fut signée entre la France et l'Angleterre, la *Sémillante*, qui avait si noblement reçu le *baptême de feu*, rentra dans nos ports, où elle resta jusqu'à l'époque de la Révolution.

En 1792 on confia à Bruix la frégate la *Sémillante*, qu'on envoyait dans les mers de l'Inde. Ce fut pendant le cours de cette campagne que cet illustre marin fit un trait de caractère qui le peint tout entier. Ceux qui l'ont connu savent qu'il aimait beaucoup le jeu. La fortune lui avait été si constamment favorable qu'il avait gagné aux officiers de son état-major tout l'argent qu'ils possédaient, et la somme était, dit-on, assez considérable.

Tant qu'on resta à la mer, la perte ne fut pas sensible; mais aux approches de l'atterrage, chacun calcula les privations qu'il allait éprouver. La réflexion amena des regrets, qui assez indiscrètement exprimés, arrivèrent jusqu'à Bruix.

Proposer à des gens d'honneur de leur rendre un argent qu'on leur a loyalement gagné, c'était s'exposer à blesser leur délicatesse, et cependant Bruix était bien résolu à ne point le garder.

Frappé d'une inspiration soudaine, il court à sa chambre, prend la somme à laquelle s'élevait son gain, y joint même une partie de l'argent qui lui appartient, met le tout dans son chapeau, et montant sur le pont:

— Messieurs, dit-il à ses officiers, la fortune m'a favorisé; mais je ne veux pas être heureux aux dépens de mes camarades.

A ces mots, il jette à la mer le chapeau et tout ce qu'il contenait.

— Vive le capitaine! s'écrièrent les officiers après un moment de stupeur.

Bruix, qui devait s'élever bientôt au plus haut rang de la hiérarchie maritime, pour trouver ensuite une mort glorieuse au combat d'Aboukir, ramena sa frégate en France, après avoir causé des pertes considérables aux Anglais. Partout sur son passage il jeta la terreur du nom français dans tous les comptoirs ennemis, et plusieurs vaisseaux de haut-bord se mirent inutilement à sa poursuite. Sa frégate avait encore une grande destinée à accomplir.

Au mois de novembre 1793, Vanstabel, qui venait d'être fait contre-amiral, porta son pavillon sur le vaisseau le *Tigre*. Il justifia bientôt le choix du gouvernement par une expédition dans laquelle il montra autant d'habileté que de prudence.

On avait reçu avis qu'un convoi considérable, chargé de munitions et d'approvisionnements de toute espèce, devait sortir d'Exeter, sous la protection de quatre vaisseaux. Vanstabel partit de Brest, le 15 janvier, avec six vaisseaux, et alla établir sa croisière dans les débouquements de la Manche. Il tenait la mer depuis dix jours lorsque, le 25 au matin, par un temps clair, la *Sémillante*, qui était en avant, lui signala plusieurs bâtiments au vent. Il se couvrit aussitôt de voiles, persuadé que c'était le convoi, et ordonna à sa division de se porter sur le point où les vaisseaux ennemis étaient aperçus ; mais bientôt il vit que ce convoi n'était autre qu'une armée de vingt-huit vaisseaux de ligne. L'amiral anglais Howe eut à peine connaissance de la division française qu'il manœuvra pour la cerner ; mais celle-ci avait pris la chasse et faisait tous ses efforts pour s'élever dans le vent.

Cependant une des frégates anglaises, étant parvenue à joindre la *Sémillante*, engageait le combat avec elle ; Vanstabel, qui s'en aperçut, se dirigea aussitôt avec son vaisseau le *Tigre* sur les deux frégates, et en deux volées il mit les bâtiments anglais hors de combat. La *Sémillante*, ainsi dégagée, rejoignit la division, et Vanstabel manœuvra pour reprendre son poste.

La vaillante frégate prit part à presque tous les combats qui furent livrés dans l'Océan ; ses officiers et son équipage se signalèrent par les plus beaux traits d'héroïsme.

En 1798, le capitaine Ségond, si renommé par son intrépidité, qui l'avait fait surnommer le *nouveau Jean-Bart*, associa la *Sémillante* à une de ces expéditions qu'on regarderait comme fabuleuses, si l'histoire contemporaine ne nous avait transmis à ce sujet des documents certains :

Un jour Ségond entra dans le cabinet de Bruix, alors ministre de la marine : on était en 1798 ; la guerre avec l'Angleterre continuait toujours avec le même acharnement.

— J'ai lu le rapport que vous m'avez adressé, s'écria le ministre dès qu'il aperçut Ségond ; votre projet est irréalisable ; il y a une teinte de folie.

— Je jure sur ma tête que je l'exécuterai ! s'écria Ségond.

— Et mon autorisation ?

— Vous ne me la refuserez pas lorsque vous m'aurez entendu.

— Expliquez-vous donc.

— Le roi d'Angleterre, dit Ségond, doit se rendre, dans un mois, aux bains de Weymouth ; la flottille qui doit l'accompagner ne se compose que de trois bâtiments de deuxième classe. Confiez-moi le *Hoche*, la *Sémillante* et la *Loire*, et je vous amènerai George III pieds et poings liés.

— Vous espérez donc vous emparer bien facilement du souverain de l'Angleterre ?

— C'est une entreprise dont je veux courir les risques.

— Eh bien ! capitaine, vous aurez ma réponse demain.

Quelques jours après Ségond prit la mer avec le *Hoche*, la *Sémillante* et la *Loire*. Il courut à la rencontre des Anglais et leur livra quatre combats. Dans un de ces engagements l'ennemi s'empara du *Hoche*, et la *Loire* serait tombée en son pouvoir si la *Sémillante* ne fût venue la dégager.

Ségond se conduisit avec un courage surhumain dans ces diverses rencontres. Plus tard, l'empereur Napoléon Ier demanda un jour à Decrès, ministre de la marine, des renseignements sur Ségond, qui vivait alors dans la retraite et avait fait agir auprès du gouvernement impérial.

— Sire, répondit Decrès, c'est ce vieux fou qui voulait prendre le roi d'Angleterre.

— Je voudrais n'avoir que des fous de cette espèce dans ma marine, répondit Napoléon.

Cependant la *Sémillante* allait entrer dans sa grande période de gloire maritime.

En 1803 cette frégate, déjà si célèbre, prit part à la belle campagne de l'amiral Linois dans les mers de l'Inde. Ce célèbre marin fit sa première sortie de l'Ile-de-France, le 8 octobre, avec le *Marengo*, la *Belle-Poule*, la *Sémillante* et la corvette le *Berceau*. Ces bâtiments portaient des troupes destinées à renforcer les garnisons de l'île de la Réunion et de Batavia. Chemin faisant, Linois captura plusieurs bâtiments richement chargés, et alla ensuite atterrir à Sumatra ; mais avant d'entrer dans le détroit de la Sonde, il se rendit à Bencoulen, où il mouilla hors de la portée d'un fort qui battait la rade. Plusieurs bâtiments anglais, mouillés sur cette rade, avaient appareillé à la vue de l'escadre française et s'étaient réfugiés à Poolo-Bay. Linois y expédia la *Sémillante* et le *Berceau*, avec ordre de détruire tous les bâtiments qu'ils y trouveraient. Les Anglais brûlèrent eux-mêmes six navires richement chargés ; les Français en incendièrent cinq autres.

Le 14 février, au matin, le *Marengo* était mouillé près le Paoolo-Amor, avec le *Berceau* et l'*Aventurier* ; le *Belle-Poule* et la *Sémillante* s'étant tenues sous voiles toute la nuit, se trouvaient sous le vent, ayant été drossées par les courants. Les vigies annoncèrent des voiles au nombre de vingt. Linois, persuadé que c'était le convoi qu'il attendait, leva l'ancre et laissa arriver pour rallier ses frégates ; le ralliement opéré, il tint le vent et se forma en bataille. Mais l'ennemi avait une supériorité numérique par trop redoutable : le combat était trop inégal ; aussi Linois, profitant de l'espèce de fumée qui enveloppait son escadre, vira lof pour lof et s'éloigna des Anglais.

Dans les derniers jours de juin de la même année, Linois se disposa à entreprendre une nouvelle croisière ; il appareilla avec le *Marengo*, l'*Atalante* et la *Sémillante*. Il se porta d'abord au sud de Madagascar, et croisa pendant quelques jours à l'ouvert du canal Mozambique. Il résolut ensuite de chercher les Anglais dans leurs ports. Son escadre entra dans le golfe de Bengale, et arriva, le 18 septembre, devant Vizagapatam, l'un des principaux établissements ennemis. Trois grands bâtiments y étaient mouillés, et l'un des trois fut reconnu pour vaisseau de guerre. C'était le *Centurion*.

Ce vaisseau fit des signaux de reconnaissance qui, comme on le pense bien, restèrent sans réponse. Aussitôt, le *Centurion*, ainsi que les batteries de la côte, se disposèrent au combat.

L'*Atalante* et la *Sémillante*, qui se trouvaient à une grande distance en avant du *Marengo*, s'approchèrent jusqu'à une demi-encâblure du vaisseau anglais, sans brûler une amorce. L'*Atalante* lui envoya alors toute sa bordée et passa à terre de lui, pendant que la *Sémillante*, restée au large, le canonnait à petite portée.

Le *Centurion* riposta vigoureusement, et les batteries de terre ouvrirent bientôt aussi leur feu sur les frégates. Le pavillon du vaisseau anglais tomba sous les bordées du *Marengo*. Pendant ce temps, la *Sémillante* et l'*Atalante* amarinèrent le vaisseau de la Compagnie des Indes, la *Princesse Charlotte*, qui s'était rendu sans se défendre, et forcèrent le *Barnabé* à se jeter à la côte où, peu de minutes après, il fut brisé et submergé.

Cependant Linois, qui combattait depuis une heure et demie le *Centurion*, voulait tenter l'abordage :

— Amiral, lui dit un officier, nous ne pourrons pas forcer ce vaisseau à se rendre, et le capitaine préférera se jeter à la côte. D'ailleurs, le *Marengo* a reçu des avaries majeures dans sa mâture et dans ses voiles.

— Et nous sommes à quinze cents lieues du seul port qui nous soit ouvert, dit un autre officier, environnés de bâtiments ennemis, qui, à chaque instant, peuvent nous surprendre.

Linois quitta la côte de Coromandel et rentra à l'Ile-de-France le 1er novembre, après une campagne de quatre mois et demi.

Pendant cette expédition, le jeune officier Roussin, depuis si célèbre dans les annales de la marine française, se trouvait à bord de la *Sémillante ;* il pénétra, avec un canot armé de vingt-deux hommes, dans la baie de Puloo et s'empara de sept bâtiments qui s'y trouvaient. Cette action fut mise à l'ordre de la division.

Des nombreuses prises que fit la *Sémillante*, restée seule de la division du contre-amiral Linois, pendant quatre ans, Roussin en commanda deux : il conduisit l'une à Batavia, en contenant, pendant un mois de traversée, un nombreux équipage d'Arabes mutinés, et l'autre à Torgados.

La *Sémillante*, ayant été reconnue hors de service, fut désarmée à l'Ile-de-France au mois de mai 1808. Le lieutenant de vaisseau Roussin passa alors comme second sur l'*Iéna*, de quatorze caronnades de dix-huit, chargé d'établir une croisière dans le golfe Persique et celui du Bengale.

Pendant la campagne que la *Sémillante* fournit si glorieusement en 1805, le jeune Baudin, alors simple enseigne, se trouvait à bord de cette frégate ; il y perdit un bras, et, par son intrépidité, il inaugura la brillante carrière qu'il a fournie depuis.

Au mois de juin 1854, lorsque nos célébrités maritimes furent appelées à prononcer les suprêmes paroles sur la tombe du célèbre amiral, il fut fait mention des brillants combats soutenus par la *Sémillante* et le *Renard*, et le capitaine Doreste, qui partagea les dangers de Baudin, traça un émouvant tableau de cette période de notre histoire maritime.

Complétement réparée à l'Ile-de-France, la *Sémillante* se mit de nouveau en campagne contre les Anglais. Elle rentra bientôt en France, couverte de gloire et chargée des plus riches dépouilles enlevées à l'ennemi. Voilà, d'après le *Moniteur*, la brillante statistique de ses campagnes dans l'Inde.

La *Sémillante*, commandée par le capitaine Motard, rentra en 1809 à Brest, après une navigation de six ans.

Partie de Brest au commencement de ventôse an II, avec l'expédition du contre-amiral Linois, elle prit part, jusqu'au mois de nivôse an XIII, à toutes les opérations de cette division dont elle fut séparée à cette époque.

La division se trouvant à Bancool, sur la côte de Sumatra, la *Sémillante* fut détachée à Puloo-Bay et réunie à la corvette le *Berceau*. Elle brûla ou emmena, sous le feu des batteries ennemies, sept bâtiments anglais richement chargés, et incendia les magasins de la Compagnie des Indes dans la rade de Sillabar ; cette expédition ne coûta à la *Sémillante* que la perte de deux hommes, et causa à l'ennemi des dommages évalués à vingt millions de francs.

La guerre venait d'éclater entre l'Angleterre et l'Espagne ; la *Sémillante* fut chargée de porter la nouvelle de cette rupture aux Philippines. Le capitaine Motard, parti le 17 ventôse an XIII, fut assez heureux pour arriver à temps et prévenir toute surprise de la part des Anglais.

Depuis deux ans, les galions qui avaient jusqu'alors apporté périodiquement l'argent des mines d'Acapulco aux Philippines avaient cessé leurs voyages. Le capitaine-général espagnol d'Aquilar se trouvait, par là, dépourvu des moyens nécessaires à la mise en état de défense des îles. Le capitaine Motard entreprit le voyage du Mexique dans l'intention d'en apporter les fonds qui manquaient au général espagnol. Il partit donc de Manille et dirigea sa route du côté du détroit Saint-Bernardin ; mais les Anglais, instruits de ce voyage, envoyèrent deux frégates et une forte corvette à la recherche de la *Sémillante*.

Le 14 brumaire an XIII, elle fut attaquée dans la baie de Sainte-Jachinte par la frégate le *Phaéton*, de quarante-quatre canons, et par la corvette le *Harrior*, de vingt-deux. La *Sémillante* soutint avec audace une lutte aussi inégale, combattit près de trois heures contre des forces presque doubles, et parvint à forcer l'ennemi à l'abandonner.

La noble et vaillante frégate avait été fort maltraitée dans ce combat ; elle fut forcée de renoncer au voyage du Mexique ; le mousson de S.-O. soufflant dans toute sa force, il fallut lutter constamment contre les vents et des courants contraires dans une mer parsemée d'écueils dangereux.

Cependant, le capitaine Motard surmonta toutes les difficultés, et, sortant de la mer des Célèbes, par le détroit d'Aloo, par lequel, depuis Dampier, aucun navigateur n'avait osé passer, il arriva à l'Ile-de-France après trois mois de traversée.

Il ne tarda pas à y être bloqué par les frégates anglaises, le *Pitt* et la *Terpsichore*, qui, pendant qu'on faisait à la *Sémillante* des réparations indispensables, vinrent infester les côtes et incommoder le commerce des colonies françaises.

La *Terpsichore* ayant éprouvé un accident qui la força de lever la croisière, les deux frégates disparurent pendant quelques jours ; mais le *Pitt* ne tarda pas à revenir.

Aussitôt que le capitaine Motard fut assuré que cette frégate était seule, il forma le projet d'aller la combattre. La *Sémillante* n'était pas encore entièrement réparée, mais son armement fut poussé avec une activité telle qu'en trois jours elle fut prête à mettre à la voile. Elle sortit à la recherche de l'ennemi, qui évita constamment le combat et disparut aussitôt que les ténèbres de la nuit vinrent favoriser sa fuite.

La mer se trouvant ainsi libre, la *Sémillante* fit route pour l'île de la Réunion, et prit sous son escorte un convoi considérable de prises anglaises et de bâtiments de commerce que la présence de l'ennemi avait tenus jusque-là bloqués dans la rade de la colonie. Tous arrivèrent à leur destination, et on s'occupa de faire à la *Sémillante* les réparations que sa dernière sortie avait interrompues. Elles furent achevées au mois d'avril, et elle repartit pour une nouvelle croisière dans l'océan Indien : elle y prit huit bâtiments et fit éprouver à l'ennemi des pertes évaluées à trois millions cinq cent mille francs.

Le 9 septembre 1806, elle mouilla de nouveau à l'île de la Réunion. La présence d'une forte croisière anglaise et l'embarras que mettaient à sa marche les prises qu'elle avait sous son escorte l'avaient empêchée d'aborder à l'Ile-de-France.

Le capitaine Motard fut informé que les Anglais avaient formé le projet de l'attaquer au mouillage de Saint-Paul. En effet, le 11 octobre, le vaisseau le *Sceptre*, de soixante-quatorze, et la frégate la *Cornowallis*, de quarante-huit, portant du calibre de vingt-cinq en batterie, l'attaquèrent simultanément. Le capitaine Motard avait, par précaution, fait mouiller les bâtiments marchands et les prises près de terre, et s'était embossé au large pour les protéger.

Dans cette position, il fallait en venir à l'abordage pour le vaincre ; les Anglais ne jugèrent pas à propos de tenter cette manœuvre ; et l'artillerie de la *Sémillante* fut si bien servie et si bien dirigée, que l'ennemi, forcé de renoncer à son entreprise, leva la croisière.

La *Sémillante* et le convoi qu'elle protégeait firent voile pour l'Ile de-France. Elle sortit de nouveau au mois de juin suivant ; mais sa mâture ayant manqué, à son arrivée au point de croisière, le capitaine fut forcé d'aborder aux îles de Nicobar pour tirer de leurs forêts un beaupré et des mâts de hune.

Après cette réparation, il établit sa croisière dans le golfe du Bengale, où il prit trois bâtiments richement chargés et allant à la Chine ; il rentra à l'île de France au mois de septembre, après avoir soustrait ses prises aux poursuites de l'ennemi. Cette croisière rapporta au commerce français deux millions trois cent trente-huit mille francs.

Ce fut ainsi que le capitaine Motard, avec deux bâtiments, dont un de très-petit calibre, tint en échec, pendant deux ans, les Anglais, qui ne comptaient pas moins de quarante-deux bâtiments, parmi lesquels onze vaisseaux de ligne, les obligea à garder une immense étendue de côtes, à tenir de longues et inutiles croisières devant l'Ile-de-France, à recourir à la dispendieuse et embarrassante méthode des convois, qui met toujours tant d'entraves au commerce ; enfin, à fermer leurs ports et à tenir quelquefois l'embargo pendant trois mois consécutifs.

Au mois de février 1808, la *Sémillante* partit pour une nouvelle croisière. Le 15 mars, elle prit, près de Ceylan, un bâtiment anglais qu'on expédia aussitôt pour l'Ile-de-France. Le même jour, elle attaqua la frégate anglaise la *Terpsichore* ; le combat dura une heure trente-cinq minutes, vergue à vergue. Il se fut infailliblement terminé par la reddition de l'ennemi, si son feu, principalement dirigé pour dégréer, n'eût mis la *Sémillante* dans l'impossibilité de manœuvrer au moment décisif, et si le capitaine Motard, blessé à la tête et à l'épaule, n'eût été mis hors d'état de commander ses équipages.

La nuit sépara les deux combattants, et la *Sémillante*, dont les avaries majeures nécessitaient un prompt retour à l'Ile-de-France, y rentra vers le milieu d'avril.

Après l'avoir fait réparer, le capitaine Motard revint à Brest avec une cargaison fournie des productions de l'Ile-de-France et de la Réunion, évaluées à plus de sept millions.

Ce fut ainsi que, durant une navigation de six ans, la *Sémillante* parcourut un espace de trente-deux mille lieues dans les mers de l'Inde, qu'elle soutint avec succès cinq combats contre des forces supérieures, et fit éprouver au commerce anglais, tant par la destruction de ses magasins que par les prises qu'elle lui fit, une perte d'environ vingt-huit millions de francs.

Condamnée à l'inaction pendant près d'un demi-siècle, la *Sémillante*, entièrement reconstruite à neuf, n'a été réarmée qu'en 1854 dans le port de Lorient. Elle partit pour Brest sous le commandement du capitaine Chiron de Brossay. Appelée à faire partie de l'escadre de la Baltique, elle mit à la voile le 20 avec les autres bâtiments de la flotte, aux ordres du vice-amiral Parceval-Deschênes.

L'escadre expéditionnaire partit dans l'ordre suivant :

La frégate la *Virginie*, le vaisseau le *Tage*, l'*Inflexible*, vaisseau amiral ; la frégate à vapeur le *Darien*, la *Poursuivante*, le *Jemmapes*, le *Breslaw*, l'aviso-vapeur le *Flambart*, les frégates l'*Andromaque* et la *Sémillante* ; cette dernière portait la 37ᵉ compagnie d'infanterie de marine, capitaine Harivel, lieutenant Caffard, sous-lieutenant Chavannes.

Elle resta dans les eaux de la Baltique jusqu'au mois de septembre, et arriva à Cherbourg le 22 de ce même mois. Le 27, elle partit pour Brest avec plusieurs compagnies d'infanterie de marine.

Destinée à porter des hommes, des munitions et des vivres pour l'armée d'Orient, elle fit voile pour Toulon, d'où elle partit le 14 novembre 1854 pour Constantinople. Ce premier voyage fut des plus heureux, et, le 15 janvier 1855, elle quitta Top-Kana pour revenir en France.

Cette frégate, récemment armée, ainsi que nous l'avons déjà dit, se trouvait, sous tous les rapports, dans les meilleures conditions d'une bonne navigabilité. Son capitaine Jugan était un officier dans la force de l'âge, naviguant depuis longues années dans la Méditerranée ; il comptait dix ans de grade de capitaine et était posé par les amiraux Hugon, de La Susse,

Guyadon, Hamelin et Dubourdieu comme un excellent manœuvrier. Ces mêmes officiers généraux l'avaient signalé de tout temps au ministre pour les divers commandements qu'il avait exercés.

Ce fut dans ces favorables conditions que la *Sémillante* partit de Toulon le 14 février 1855, pour accomplir son suprême voyage! Elle portait six cent quatre-vingt-quatorze matelots ou passagers; ce personnel n'avait évidemment rien d'exagéré à bord d'une frégate de premier rang. En effet, armée en guerre, elle aurait reçu cinq cent quinze hommes d'équipage, c'est-à-dire cent soixante-dix-neuf hommes de moins qu'elle n'avait à sa dernière traversée, et l'espace rendu libre par le débarquement de soixante bouches à feu lui donnait amplement de quoi loger, et au delà, cette différence d'effectif.

Quant au chargement, le matériel de la *Sémillante* se bornait à sept cents tonneaux, poids insignifiant si l'on considère que le chiffre total de l'armement et du chargement d'une frégate de soixante canons peut aller jusqu'à douze cent cinquante tonneaux. Les seuls objets lourds, quelques canons et projectiles, étaient placés dans le fond de la cale et ne pouvaient qu'ajouter à la stabilité du bâtiment.

Partie de Toulon le 14 février avec une brise d'ouest assez fraîche, la *Sémillante* dut gouverner de manière à passer par le canal qui sépare la Sardaigne de la côte d'Afrique. Les marins savent tous qu'en dépassant la parallèle des Baléares, il arrive souvent que les vents d'ouest, qui dépendaient du nord avant d'atteindre cette limite, ont une tendance marquée à hâler du sud, à partir de ce point. Il est donc plus que probable qu'à partir du moment où la frégate parvint à cette hauteur, les vents lui refusèrent et la rapprochèrent de la côte de la Sardaigne. Dans cette conjoncture, le commandant Jugan, en marin expérimenté, et afin d'éviter, par gros temps et forte mer, de se laisser affaler sur la terre et d'être contraint à louvoyer, prit le parti de donner dans les bouches de Bonifacio : c'était, en effet, la seule manœuvre à prendre.

Mais qu'advint-il ensuite? La tempête du 15 était parvenue à un maximum de densité effrayant; le phare de l'île Razzoli était embrumé par l'effet du temps. Dans ces fatales circonstances, la *Sémillante*, entraînée avec une vitesse impossible à maîtriser, par un vent d'ouest d'autant plus terrible qu'il était resserré entre deux côtes formant entonnoir, donna avec une violence incalculable sur l'écueil de Lavezzi.

Ce fut, en effet, sur l'îlot de ce nom que des pêcheurs recueillirent d'abord un chapeau de marin, puis des débris de sabres d'artilleurs, de fusils, d'effets militaires. Ces débris formaient comme une montagne d'objets brisés en morceaux et en quelque sorte hachés. Des recherches immédiatement entreprises par les soins de l'autorité maritime, de la douane, du commandant de Bonifacio des embarcations de l'aviso à vapeur de l'État, l'*Averne*, firent bientôt retrouver d'autres épaves : des morceaux de carcasse de navire, des mâts, des vergues garnies de leurs voiles ferlées, des chapeaux de matelots, un

reste de soutane, des képis, des shakos, enfin le livre-journal de la *Sémillante*.

Plus de doute dès lors! cette belle frégate s'était perdue corps et biens, après avoir épuisé toutes les ressources nautiques pour lutter contre un élément terrible, presque à la même heure où cette même tempête engloutissait, près de Gibraltar, l'*Hécla*, une des plus belles corvettes de la marine anglaise.

La sensation que produisit cette funeste nouvelle dans toute la France fut profondément douloureuse.

En exécution des ordres du ministre de la marine et des colonies, l'aviso à vapeur de l'État, l'*Averne*, procéda à de nouvelles perquisitions, dans le but de parvenir enfin, sinon à sauver quelques malheureux naufragés échappés au désastre de la *Sémillante*, au moins leurs dépouilles et quelques renseignements sur cette catastrophe maritime.

Cette fois l'*Averne* réussit dans la seconde partie de sa mission, et on acquit la preuve que la frégate avait péri devant des circonstances de force majeure, heureusement assez rares.

Parti de Livourne le 28 février, l'*Averne* toucha, le 1er mars au matin, à Porto-Vecchio, pour y prendre des renseignements, et arriva le même jour, vers midi, à l'îlot de Lavezzi, sur lequel s'était perdue la *Sémillante*.

Le spectacle que présentait cette côte était navrant et donnait une terrible idée de la furie de l'ouragan, qui avait pu briser en morceaux un bâtiment de cette force.

Le commandant de l'*Averne* visita d'abord en embarcation les différentes criques où se trouvaient les principaux débris; puis, dirigé par le patron de l'*Aigle* qu'il trouva sur les lieux, il fit par terre le tour de l'île. Il ne tarda pas à perdre tout espoir de retrouver quelques-uns des malheureux qui étaient à bord, et même de connaître exactement le moment du sinistre et les circonstances qui l'avaient occasionné.

Dans la journée du 15 février, de la partie de l'O.-S.-O., une tempête, comme les vieux marins du pays ne se souviennent pas d'en avoir jamais vu, éclata dans les bouches de Bonifacio et dura de cinq heures du matin jusqu'à minuit, presque constamment avec la même violence. A une distance de deux lieues, la campagne fut couverte de sel; l'atmosphère ne permettait pas d'y voir à dix pas.

Ce fut dans ces circonstances que la *Sémillante* dut donner dans les bouches de Bonifacio. Poussée par la tempête, la frégate dut toucher d'abord sur la pointe S.-O. de l'île Lavezzi; ce fut là, en effet, que l'on trouva d'abord quelques tronçons de ses mâts et de ses vergues brisés, encore à flot et retenus dans cette position par un enchevêtrement de cordages fixés au fond.

Au milieu de ces tronçons se trouvait aussi à flot un morceau de la coque de la frégate, qui paraissait provenir de la partie comprise entre les porte-haubans de misaine et la flottaison. Toute la partie de l'île était jonchée de menus débris et de morceaux de la coque, de nulle valeur. Quatre ou cinq seuls paraissaient par un fond d'environ quatre mètres. Le

1er mars, on trouva une voile d'embarcation sur laquelle était écrit :

Sémillante, yole n° 1.

A cette même date, on n'avait encore retrouvé que trois corps qui parurent être ceux d'un matelot, d'un soldat et d'un caporal : ils furent enterrés sur l'île.

Le lieutenant de vaisseau Bourbeau, après avoir reconnu cet état de choses, laissa sur les lieux M. Farines, enseigne de vaisseau, avec deux balancelles, un grand canot, une baleinière, un youyou, des appareaux, tous les outils de charpentier, et trente-cinq hommes pour opérer le sauvetage et faire toutes les recherches qui pourraient amener des découvertes de nouveaux débris ou de nouveaux cadavres.

Le commandant de l'*Averne* fit encore explorer soigneusement chacun des rochers de ce petit archipel, mais sans espoir d'y faire aucune découverte importante, tous les autres débris ayant été entraînés au large par la violence et la direction de la tempête.

Après avoir pris ces dispositions, le lieutenant Bourbeau se rendit en Sardaigne, à Longo-Sardo et à la Madelene, pour essayer d'y recueillir quelques renseignements sur ce terrible naufrage. Partout, en Sardaigne, comme en Corse, il ne trouva que des suppositions. Tout le monde était d'accord sur la terrible furie de l'ouragan du 15 février, qui, dans ces parages, avait occasionné partout les plus grands dégâts, enlevé les toitures des maisons, arraché des arbres séculaires, et qui ne permettait aux personnes forcées de sortir de chez elles de le faire qu'en rampant.

Cet ouragan soufflait de l'O.-S.-O., et les bouches de Bonifacio ne présentaient plus qu'un immense brisant où l'on ne pouvait plus rien distinguer; la mer était tellement déchaînée et l'embrun si épais, si élevé, que la *Sémillante* devait en être couverte à une grande hauteur et inondée, sans que personne à bord pût distinguer le bout du beaupré. Il n'y avait pas de frégate au monde capable de présenter le travers à une aussi terrible tempête.

M. Bourbeau interrogea tout le monde en Sardaigne : commandants militaires et civils, capitaines de ports, gardiens de phares. Voici le seul renseignement qu'il put recueillir.

Le chef du phare de la Testa lui déclara que, le 15 février, vers onze heures du matin, une frégate dont il ne comprenait pas bien la manœuvre, ce qui lui avait fait supposer qu'elle avait des avaries dans son gouvernail, venait, à sec de toile, de la partie du N.-O., se dirigeant sur la place de Reina-Maggiore, près du cap de la Testa, où il pensait qu'elle allait se briser, lorsqu'il la vit hisser sa trinquette et venir sur bâbord d, en donnant dans les bouches de Bonifacio, où l'horizon était tel qu'il l'eut bientôt perdue de vue.

Sous le rapport de l'heure du sinistre, cette déclaration se rapprochait d'une autre qui avait été déjà faite à M. Bourbeau, par un berger de Lavezzi; ces deux rapports paraissaient avoir une certaine valeur qui tendait à fixer le moment du naufrage au 15 janvier vers midi.

Cependant le gardien du phare de La Testa, dans une première déclaration faite à d'autres personnes, avait d'abord dit que c'était une frégate à vapeur. Quand M. Bourbeau insista sur cette différence, il lui répondit, ce qui n'était malheureusement que trop vrai, que l'on ne distinguait que très-mal et à une bien petite distance, et seulement par suite de l'élévation du phare.

La mer était si forte que les glaces du phare étaient couvertes d'une épaisse couche de sel, qu'il ne fallait pas songer à faire disparaître. Il en était de même à Bazzoli. A la Madeleine, le commandant de l'*Averne* ne put avoir aucun renseignement. Les gardiens du phare de Bazzoli n'avaient rien vu; sur toute la côte de Sardaigne on n'avait trouvé d'ailleurs ni débris, ni traces, ni vestiges du naufrage.

La plus impérieuse, la plus pressante des instructions donnée par M. Bourbeau à l'officier qu'il laissa sur l'île de Lavezzi, était celle de rechercher tout d'abord avec le plus grand soin les cadavres des malheureux qui avaient péri dans le naufrage de la *Sémillante*, afin de les préserver le plus tôt possible de toute souillure, et de faire disparaître immédiatement un aussi douloureux spectacle.

L'exécution de ces ordres amena d'abord la découverte de soixante cadavres, la plupart nus; ces infortunés avaient eu le temps de se déshabiller pour lutter plus facilement contre la mort. Ils étaient presque tous méconnaissables; dans le nombre cependant on crut reconnaître un prêtre, au bas de soie noire dont il était porteur, l'abbé Carrières, aumônier de la *Sémillante*.

Le spectacle que présentait alors la partie sud de l'île de Lavezzi, où étaient dispersés les débris de la frégate, était quelque chose d'affreusement douloureux. Sur ce point, au milieu de petites criques qui ne sont point indiquées sur la carte de Hell, les cadavres apparaissaient par groupes, tous dans un état affreux, l'air en était infecté.

Le corps du commandant Jugan fut aussi retrouvé et reconnu seul d'une manière positive; il était en uniforme, et même sans cette circonstance, il était très-reconnaissable pour les officiers, par suite de la légère difformité d'un de ses pieds. Son état de préservation était dû au paletot d'uniforme dans lequel on le trouva encore entièrement boutonné.

La mort frappa donc ce brave et infortuné capitaine faisant courageusement son devoir, et luttant jusqu'au dernier moment pour les autres sans songer un seul instant à lui-même !

Des soins particuliers lui furent rendus; on le mit dans une bière avec deux couvertures. A mesure qu'on découvrait de nouveaux cadavres, on les roulait avec soin dans une couverture, puis on les plaçait sur une civière pour les porter au lieu désigné où une fosse particulière les recevait aussitôt.

Ces devoirs étaient bien rudes à remplir pour les pauvres matelots; plusieurs en furent tellement impressionnés qu'ils ne purent continuer ce service;

d'aut*es ne le remplissaient plus qu'en pleurant à chaudes larmes.

L'abondance des cadavres qu'on découvrait à chaque instant, presque tous en état de putréfaction, et les difficultés du transport, nécessitèrent l'ouverture d'un second cimetière; on fut même obligé de renoncer momentanément au sauvetage des débris.

Le dimanche matin 4 mars 1855, l'*Averne* partit de Bonifacio, portant à Lavezzi les curés de la haute et de la basse ville, le juge d'instruction et son greffier, cinquante soldats, deux caporaux, un sergent et un officier. La cérémonie religieuse pour la sépulture des marins de la *Sémillante* eut lieu à midi précis, et tout le monde y assista avec un douloureux recueillement. Le lieutenant de vaisseau Bourbeau ne jugea pas à propos de faire rendre encore les honneurs militaires, parce qu'on découvrait à chaque instant de nouvelles victimes.

Voici l'inscription qu'il fit mettre sur la tombe de l'infortuné commandant :

CI-GIT : G. JUGAN,

CAPITAINE DE FRÉGATE, COMMANDANT LA *Sémillante*, NAUFRAGÉE LE 15 FÉVRIER 1855.

Et plus bas :

LAVEZZI, 5 MARS 1855.

Chaque tombe fut surmontée d'une croix, et deux grandes croix de treize mètres de hauteur, faites des débris des hauts-dehors de la *Sémillante*, furent placées en tête des deux cimetières, situés, l'un dans l'ouest, l'autre dans l'est de l'île.

Tel a été le mystérieux et terrible dénouement de ce drame maritime dont, fort heureusement, on trouve peu d'exemples dans notre histoire navale. La France a payé aux victimes son tribut de larmes et de respect; la munificence gouvernementale et publique sont venus en aide aux veuves et aux orphelins; mais l'œuvre de réparation n'est pas encore complète. Il faut pour cela qu'une nouvelle frégate portant le nom glorieux de sa noble aînée, soit mise en chantier et sorte bientôt de nos ports, afin de perpétuer dans notre mémoire les grandes et patriotiques traditions de la *Sémillante*. Un navire peut se perdre, mais sa gloire survit au naufrage qui n'engloutit que des hommes, des planches et du fer !.....

J.-M. CAYLA.

FIN DE LA SÉMILLANTE.

LE HENRI IV

Le 23 août 1829, la ville de Cherbourg s'était parée de ses plus beaux habits de fête ; les cloches sonnaient à toute volée ; l'artillerie des forts et les canons de la marine royale tonnaient par intervalles ; des jeunes filles vêtues de blanc et portant des corbeilles de fleurs s'avançaient processionnellement vers la préfecture maritime.

Le duc d'Angoulême, grand-amiral de France,
faisait une entrée triomphale ; le lendemain 26, il assistait à l'immersion du port militaire et visitait les bâtiments en construction.

Le 27, il présidait, accompagné de toutes les autorités civiles et maritimes, à la mise à l'eau du vaisseau le *Suffren* de quatre-vingts canons. A peine ce beau bâtiment eut-il bondi sur les flots qui semblaient fiers de le recevoir, que le directeur des

constructions navales présente au duc d'Angoulême
un marteau et un clou fleurdelisé.

— Monseigneur, lui dit-il, c'est au grand-amiral de
France que revient l'honneur de fixer le premier
clou à bord du *Henri IV*, qui va être mis immédiatement en construction.

Aussitôt des ouvriers élevèrent l'étrave du nouveau vaisseau devant le dauphin qui y fixa un écus-
son convenablement décoré (1).

Ce vaisseau, si pompeusement mis en chantier par
le grand-amiral de France, a eu à subir, comme tous
les bâtiments de haut bord, de longues suspensions
dans les travaux de construction. Il n'a été lancé à
l'eau que vingt et un ans après, 14 septembre 1848,
sous la dictature du général Cavaignac.

Voici les détails que nous trouvons au sujet de
cette opération dans le *Phare de la Manche* :

« Le port de Cherbourg vient d'être le théâtre
d'une de ces grandes scènes maritimes qui ont le
privilège d'attirer la foule et d'impressionner par
leur caractère de puissance et de majesté.

« Le vaisseau le *Henri IV*, de cent bouches à
feu, a été lancé de la quatrième câle dans l'avant-
port.

« L'opération, dirigée par M. de Lavrignais, sous-
directeur des constructions navales, s'est faite avec
le plus beau succès par un temps magnifique, sous
les yeux de plus de vingt mille personnes peut-être
qui couvraient toute la longueur des quais autour de
l'avant-port et se pressaient aux abords de la câle,
sous les tentes et sur les musoirs.

« Beaucoup d'étrangers assistaient à cette imposante cérémonie, que la marine avait entourée de
tout l'éclat possible : les uns étaient arrivés des
campagnes et des villes voisines ; les autres venaient
de Caen, du Havre, de Paris, de l'Angleterre.

« Pour l'observateur, le lancement d'un vaisseau
est un spectacle prodigieux, où l'homme, par la seule
puissance de la statique, et sans l'aide de la dyna-
mique, fait mouvoir à sa volonté une masse dont le
colossal volume et l'énorme pesanteur semblent défier toutes les forces humaines. Pour le navire, paré
des couleurs nationales, et que salue l'harmonie
d'une musique guerrière, c'est le jour de son baptême, c'est la solennité de ses fiançailles avec la
mer. »

La carrière maritime de ce beau navire devait être
courte mais brillante ; confié, en 1852, au commandement du capitaine Jéhenne, un des officiers les
plus estimés et les plus considérés de la marine française, le *Henri IV* fut appelé, en 1853, à faire partie
de la flotte d'Orient. Nous ne suivrons pas les deux
escadres combinées de France et d'Angleterre dans
leurs mouvements au milieu de l'archipel ionien, ni
dans leur hivernage dans le Bosphore ; c'est la partie
monotone de cette campagne à jamais mémorable,
et comme nous sommes sûr de trouver toutes les
péripéties, tous les dévouements, en un mot tout le
prestige des grandes guerres sur les rives mytholo-
giques de la Crimée, nous avons hâte d'y conduire
nos lecteurs.

(1) *Moniteur* du 29 août 1829.

La flotte est partie de Varna chargée de troupes et
de munitions ; les gouvernements de France et d'Angleterre, de concert avec la Turquie, ont résolu de
détruire Sébastopol, ce Gibraltar russe, qui domine
la mer Noire et est une menace perpétuelle contre
l'empire Ottoman.

Nous ne nous arrêterons pas à décrire le débarquement de l'armée expéditionnaire à Old-Fort, ni
à raconter la glorieuse bataille de l'Alma ; ce grand
fait d'armes, qui inaugura d'une manière si brillante
la campagne de Crimée, est si connu que nous cour-
rions le risque inévitable de tomber dans des redi-
tes. D'ailleurs, il ne se rattache que d'une manière
secondaire à l'histoire du *Henri IV*; ce vaisseau,
comme tous les autres bâtiments de la flotte, ne put
prendre sa part de dangers et de gloire dans cette
belle journée ; mais ses matelots, montés sur les vergues et dans les haubans, furent témoins de la victoire
des alliés, et ne ménagèrent pas les cris d'enthousiasme à l'adresse de leurs vaillants camarades de
l'armée de terre.

Mais arrivons d'un bond à la journée du 17 octobre, à laquelle les flottes alliées prirent une si glorieuse part.

Presque toutes les divisions de l'armée de terre
ont déjà pris leurs positions de siège, et toute la
partie sud de Sébastopol est menacée par des travaux et des batteries formidables. Les troupes anglaises opèrent leur mouvement de concentration
vers la droite pour prendre leurs positions défini-
tives.

Le 3 octobre, on continua activement le débarquement du matériel. Les reconnaissances ayant dé-
montré que la place avait un armement considérable, composé de pièces de très-fort calibre et de
grande portée, il fut décidé que l'escadre débarque-
rait, pour prendre part aux opérations du siège,
trente bouches à feu, dont vingt canons de trente et
dix obusiers de vingt-deux ; que mille marins seraient mis à terre avec ces pièces, cinq cents pour
les servir et cinq cents pour les soutenir : le capitaine de vaisseau, Rigaud de Genouilly, en prit le
commandement. Le *Henri IV*, le *Bayard* et la *Ville-
de-Paris* fournirent, en outre, le 5 octobre, 50 canons et plusieurs hommes de leurs équipages.

Les généraux alliés avaient demandé le concours
de la marine pour toutes les opérations du siège, et
celle-ci n'eut garde de refuser ce surcroît de dangers et de gloire. Elle continua, avec autant de succès que de zèle, le débarquement du matériel et son
transport dans les parcs de siège.

Le 10 octobre, premier jour de tranchée ouverte,
la marine, sous la direction de l'artillerie, travailla
aux batteries n° 1 et n° 2 ; dans la nuit, on commença à rectifier le flanc de la batterie de marine,
qui était enfilé par la place ; ce travail dut cesser au
jour. Enfin, le 17 au matin, tous les préparatifs
étant terminés, les généraux alliés donnèrent le signal de commencer le bombardement de Sébastopol.

La flotte, ainsi que nous l'avons déjà dit, avait
prêté son concours à l'armée de terre en lui four-

nissant des hommes et des canons. Mais il ne se bornait pas sa mission; elle avait aussi une rude tâche à remplir du côté de la mer; nous allons voir, d'après les documents officiels, quel rôle elle joua dans cette journée, et avec quelle intrépidité le *Henri IV* inaugura sa carrière, que devait briser, quelques jours après, le plus épouvantable des sinistres.

Les vaisseaux français étaient, le 17 octobre, mouillés partie à Kamiesch et partie devant Katcha. Ils devaient de là venir se développer devant Sébastopol; ils avaient à combattre la batterie de la Quarantaine, armée de cinquante canons; le fort Alexandre, de cent quatre-vingt-douze canons; en tout trois cent quarante-sept pièces.

Le commandant en chef et l'amiral avaient concerté d'avance les mesures d'ordre et les postes de combat. Il avait été convenu que l'attaque se ferait par quatorze vaisseaux français combattant sur deux lignes endentées sur une étendue de huit encâblures. Le vaisseau le plus au sud, le *Charlemagne*, capitaine de Chabannes, devait mouiller dans la baie de Chersonnèse, à environ sept encâblures dans l'O. 1/4 S.-O. de la batterie de la Quarantaine. Les vaisseaux de la première ligne avaient leur mouillage marqué, au N.-N.-E. de ce chef de file, leurs bouées à une encâblure de distance et dans l'ordre suivant :

La *Ville de Paris*, vaisseau amiral.

Le *Charlemagne*, capitaine de Chabannes;

Le *Montebello*, monté par le vice-amiral Bruat et le capitaine Lallière;

Le *Friedland*, capitaine Baudin;

Le *Valmy*, monté par l'amiral Lugeol et le capitaine Lapointe;

Le *Henri IV*, capitaine Jéhenne;

Le *Napoléon*, monté par l'amiral Charner et le capitaine Dupouy;

Puis le vaisseau la *Normandie*, à l'extrémité de la ligne.

Les vaisseaux de la seconde ligne, endentés et un peu arrière dans les intervalles de la première, étaient en partant de terre :

L'*Alger*, capitaine Saissel, entre le *Charlemagne* et le *Montebello*;

Le *Jean-Bart*, capitaine Touchard, entre le *Montebello* et le *Friedland*;

Le *Marengo*, capitaine Martin, entre le *Friedland* et la *Ville-de Paris*;

Le *Suffren*, capitaine Fabre-Lamourette, entre le *Henri IV* et le *Valmy*;

Le *Bayard*, capitaine Borins, entre le *Napoléon* et le *Henri IV*, etc., etc.

Le temps étant calme le 17, il fallut accoupler les vaisseaux aux frégates à vapeur. Cette opération avait été prévue la veille, et il avait été décidé que tous les vaisseaux, hormis ceux à hélice, seraient conduits à leur poste de combat, accouplés, par le côté opposé à l'ennemi, aux remorqueurs de l'escadre :

Le *Friedland*, attelé au *Vauban*, capitaine de Fouques;

La *Ville-de-Paris* au *Mogador*, capitaine de Sailly;

Le *Henri IV* au *Canada*, capitaine Maissin, etc., etc.

Les remorqueurs avaient l'arrière et l'avant aussi blindés que possible, et ordre leur était donné de rester, à moins de signal contraire, attelés aux vaisseaux qu'ils avaient conduits au feu.

Il avait été arrêté qu'au signal de mouiller, les vaisseaux de la première ligne se rangeraient dans l'ordre indiqué, et s'avançant sous le feu de l'ennemi, dans l'alignement du *Charlemagne*, viendraient jeter une de leurs ancres de bossoir aux postes assignés à chacun d'eux. Les vaisseaux de la seconde ligne, suivant le mouvement, devaient alors jeter l'ancre et s'embosser dans les créneaux des vaisseaux de la première. Toutes ces mesures furent exécutées avec un ensemble et une précision admirables.

A onze heures cinquante minutes, on signala : *Branle-bas de combat*; puis immédiatement, *la France vous regarde!* Midi cinquante minutes : *Mouiller suivant le plan donné.* Une heure : *Commencer le bombardement.* A une heure soixante-trois minutes, le *Henri IV* mouilla sur l'avant de la *Ville-de-Paris*, laissant la place du *Valmy*.

Les boulets des Français paraissaient arriver en grand nombre sur la batterie de la Quarantaine, dont le feu se ralentissait sensiblement. La fumée était si épaisse qu'elle empêcha quelque temps de rien distinguer. Vers deux heures, le *Suffren* chercha son poste au milieu de la fumée qui obscurcissait le ciel. Le *Valmy* élongea des amarres pour prendre le poste qui lui était assigné entre le *Henri IV* et la *Ville-de-Paris*. A la nuit seulement, le *Jupiter*, le *Valmy*, le *Marengo*, le *Henri IV* firent successivement route pour reprendre le mouillage.

Les détails sur ce bombardement du 17 octobre trouveront un complément indispensable dans le rapport suivant adressé par le vice-amiral Hamelin au ministre de la marine :

«*Ville-de-Paris*, devant la Katcha, 18 octobre.

«Monsieur le ministre,

« Par ma lettre du 13 octobre j'annonçais à Votre « Excellence que je me portais avec tout mon état-« major à bord de la frégate le *Mogador*, pour jeter « l'ancre le plus près possible du quartier-général « français et combiner avec le général en chef une « attaque générale des forces de terre et de mer « contre Sébastopol, le jour où commencerait le feu « des batteries de siège. Le 14 j'eus, en effet, une « entrevue avec le général Canrobert, dont les vues « se trouvèrent conformes aux miennes. Le 15, une « réunion des amiraux des escadres alliées avait « lieu à bord de la frégate le *Mogador*, et les dispo-« sitions d'attaque générale étaient prises d'un « commun accord, puis soumises aux généraux de « l'armée de terre et acceptées par eux avec em-« pressement.

« Cette attaque générale fut résolue pour le 17, « jour de l'ouverture du feu des batteries de siège.

« En ce qui concerne les escadres, elle devait s'ef-« fectuer comme il suit :

« L'escadre française se chargeait de venir, sur
« les brisans du sud, s'établir à sept encâblures en-
« viron contre les trois cent cinquante bouches à
« feu de la batterie de la Quarantaine, des deux bat-
« teries du fort Alexandre et de la batterie de l'Ar-
« tillerie.

« L'escadre anglaise avait à combattre, sur la li-
« sière des brisants du nord, à peu près à même
« distance, les cent trente canons de la batterie Con-
« stantine, de la batterie du Télégraphe et de la tour
« Maximilien du nord.

« Si donc Votre Excellence suppose une ligne
« tracée le long de l'entrée de Sébastopol, de l'est à
« l'ouest, cette ligne sépare en deux parties l'empla-
« cement de l'attaque dévolue à chaque escadre.

« L'amiral turc, avec deux vaisseaux, les seuls
« qui lui restassent dans le moment, devait jeter
« l'ancre au nord des deux lignes françaises, c'est-
« à-dire dans une position intermédiaire entre les
« vaisseaux anglais et les vaisseaux français.

« Le 17 au matin, l'attaque des batteries de siége
« a commencé ; mais, le temps étant calme, il a fal'u
« accoupler les vaisseaux aux frégates à vapeur
« avant de venir développer devant Sébastopol la li-
« gne des vingt-six vaisseaux des escadres alliées.
« Toutefois, malgré cette difficulté et le fractionne-
« ment qui existait entre les vaisseaux de l'es-
« cadre française, dont partie était mouillée à Ka-
« miesh et partie devant Katcha, j'ai la satisfaction
« d'annoncer à Votre Excellence que les vaisseaux
« de notre première ligne s'avançaient, vers midi et
« demi, sous le feu des batteries de Sébastopol,
« qu'ils affrontaient les premiers pendant plus d'une
« demi-heure sans y répondre. Peu d'instants après,
« ils étaient embossés et ripostaient vivement à ce
« feu, qui ne laissait pas cependant de les incom-
« moder à cause de leur petit nombre. Plus tard,
« les autres vaisseaux français et anglais arrivèrent
« successivement, et l'attaque devint générale.

« Vers deux heures et demie, le feu des batteries
« russes se ralentit ; il était éteint à la batterie de la
« Quarantaine. C'était le but que se proposait particu-
« lièrement l'escadre française ; mais le nôtre redoubla
« et dura sans interruption jusqu'à la nuit.

« Au moment où j'écris à Votre Excellence, j'ignore
« encore quel a été le succès de nos batteries de siége,
« dont le feu avait commencé avant le nôtre, et qui
« battait les fortifications russes du côté de terre.

« Si les Russes n'avaient pas fermé l'entrée de Sé-
« bastopol en y coulant cinq vaisseaux et deux fré-
« gates, je ne mets pas en doute que les vaisseaux
« des escadres, après le premier feu essuyé, n'eus-
« sent pu donner dans les passes avec succès, venir
« s'échouer au fond du port et se mettre en commu-
« nication avec l'armée. Peut-être n'auraient-ils pas
« perdu beaucoup plus de monde que nous n'en avons
« à regretter ; mais la mesure extrême que l'ennemi
« a adoptée, en sacrifiant une partie de ses vaisseaux,
« nous a obligés à nous borner à combattre pendant
« cinq heures les batteries de mer de Sébastopol,
« dans le but d'arriver à les faire taire plus ou moins
« longtemps, à occuper beaucoup de monde de la

« garnison aux pièces, et à prêter ainsi à notre armée
« une assistance aussi bien matérielle que morale.
« Aujourd'hui 18, je n'ai que le temps de jeter à la
« hâte à Votre Excellence un aperçu général de cette
« affaire, qui, dans mon opinion, fait grand honneur
« à la marine française ; je joins à cet aperçu une
« liste nominative des hommes tués et blessés à bord
« de chaque bâtiment ; prochainement je lui enver-
« rai un rapport détaillé sur toutes les phases de l'at-
« taque et sur la part plus ou moins active qu'y a
« prise chaque vaisseau.

« Au début de l'affaire, l'enthousiasme était ex-
« trême ; pendant le combat, la ténacité de chacun
« ne le fut pas moins. Avant de commencer le feu,
« j'avais signalé à l'escadre *la France vous regarde !*

« Le vice-amiral commandant en chef
« l'escadre de la Méditerranée,
« HAMELIN. »

Le *Henri IV* et le *Suffren*, ces deux frères jumeaux
sortis tous deux des chantiers de Cherbourg, furent
les seuls vaisseaux de la flotte française qui n'eurent
à déplorer la mort d'aucun de leurs officiers ni de
leurs hommes d'équipage. Voici le bulletin du
Henri IV, d'après le rapport officiel du vice-amiral
Hamelin :

Henri IV.

TUÉS : Néant.

BLESSÉS : Percheval (Pierre-Antoine), 2ᵉ maître
de timonnerie de 2ᵉ classe, très-gravement. — Le
Jouan (Guillaume), matelot de 2ᵉ classe, très-gravement. — Francinces (Louis-Emmanuel), matelot de
3ᵉ classe, très-gravement. — Raoult (Yves-Marie),
matelot de 2ᵉ classe, gravement. — Gouriezec (Louis-
Marie), mousse devant bientôt passer matelot, gravement. — Duval (Jean-Baptiste), matelot de 1ʳᵉ classe,
gravement. — Coquet (Nicolas-Abraham), matelot
de 3ᵉ classe, légèrement. — Maunier (Clément-Jean-
Baptiste), matelot de 3ᵉ classe, gravement. — Plé
(Jean-Marie-Lièven), matelot de 3ᵉ classe, légèrement. — Colleville (Jean-Baptiste), matelot de
3ᵉ classe, gravement. — Couvreur (Pierre-Victor-
Joseph), quartier-maître de timonnerie de 2ᵉ classe,
légèrement. — Lannoye (André), matelot de 3ᵉ classe,
gravement. — Toussaint (François), matelot de
3ᵉ classe, légèrement. — Solaire (Jean), matelot de
3ᵉ classe, légèrement. — Robert (Adolphe-Joseph),
matelot de 1ʳᵉ classe, légèrement.

Le nombre des blessés à bord du *Henri IV* témoi-
gnait glorieusement de la part très active qu'il avait
prise au bombardement de la place ennemie. L'action fut vive de part et d'autre ; les artilleurs russes
tiraient fort juste, car les boulets qu'ils envoyèrent
au commencement de l'action étaient en parfaite direction ; cependant ils tuèrent peu de monde sur
l'escadre française.

Un jeune marin écrivait le lendemain du bombardement :

« Devant Sébastopol, le 18 octobre.

« Les oreilles me tintent encore de la canonnade
« qu'elles ont entendue hier. Dès le matin, les signaux
« de l'amiral, un ordre écrit, ne nous avaient laissé

« aucun doute sur les intentions de la flotte. En effet, à
« neuf heures, tout le monde reçoit l'ordre d'appareil-
« ler, et chaque vapeur va s'accoler aux vaisseaux à
« voiles (pour les conduire au feu), à l'exception du
« *Pluton* et de l'*Euménide*. Pendant la nuit du 16 au 17,
« le commandant du *Pluton* avait été chargé de poser
« des bouées sur la côte de manière à éclairer la mar-
« che des vaisseaux, et, lorsque le signal de marcher
« en avant a été fait, le *Pluton*, d'après la connais-
« sance que le commandant devait avoir de la côte, a
« pris la tête de la ligne, indiquant ainsi la route à
« toute l'escadre. Il était suivi à très-peu de distance
« par le *Charlemagne*, qui devait mouiller le plus
« près possible de la côte, pour que les autres vais-
« seaux pussent prendre leur alignement au nord-
« nord-est de ce premier vaisseau. La marche était
« lente à cause de la difficulté qu'éprouvaient les re-
« morqueurs à faire marcher ces grandes masses.
« Pour faire environ trois milles, nous avons mis
« plus d'une heure et demie.

« A midi et demi environ, la bombarde le *Vautour*,
« embossée dans une petite crique, a ouvert un feu
« qui a été pour les Russes le signal du leur. Un lé-
« ger sifflement comme celui de certains oiseaux de
« proie s'est fait entendre dans le haut de la mâture,
« et je me demandais ce que cela pouvait être, lors-
« qu'un deuxième coup plus distinct m'a appris que
« c'était le sifflement du boulet. Dès lors les boulets
« pleuvaient, accompagnés de leur bruit que l'on
« pouvait entendre avant leur arrivée à bord et quel-
« que temps après avoir vu le feu de la pièce qui
« nous les envoyait. Nous avons reçu comme cela
« trois boulets dans la coque et les tambours, boulets
« qui, heureusement, n'ont touché personne. Notre
« mâture, débarrassée de ses vergues et de presque
« tous ses agrès, n'a pas été touchée par les boulets,
« qui passaient par-dessus notre tête.

« Cela a duré ainsi environ une demi-heure, jus-
« qu'à ce que, ayant appuyé sur la terre pour faire
« place au *Charlemagne*, nous avons été un peu abri-
« tés par une langue de terre et beaucoup moins ex-
« posés au tir des batteries. D'ailleurs, le *Charlema-*
« *gne* a dû paraître aux Russes un adversaire plus
« redoutable ; à une heure, le vaisseau a mouillé et
« nous aussi, et immédiatement on lui a permis de
« commencer le feu, qu'il devait désirer avec d'autant
« plus d'impatience qu'il avait déjà beaucoup de bou-
« lets dans la coque et la mâture découpée. Une
« bombe à obus venait d'éclater dans la machine.

« Enfin le feu a commencé, et à deux heures, nous
« devons avoir fait sauter une partie du fort Con-
« stantin, car, après avoir vu un obus de quatre-vingts
« arriver à bon port, on a aperçu une immense co-
« lonne de fumée et de feu s'élever de ce fort.

« Sur le premier jalon du *Charlemagne* sont venus
« se ranger la moitié des autres vaisseaux, dans le
« nord-nord-est, et en seconde ligne dans les inter-
« valles des premiers, à mesure que chaque navire
« était embossé, il ouvrait son feu. Deux vaisseaux
« turcs étaient dans le prolongement des quatorze
« vaisseaux français, et huit vaisseaux anglais dans
« une ligne au nord-nord-est du dernier vaisseau turc

« Pendant cinq heures le feu n'a pas discontinué,
« mais malheureusement la fumée était si grande
« qu'une masse de boulets ont dû être perdus.

« Nous ne savons pas le mal que nous avons causé ;
« seulement les Russes ont abandonné les batteries
« pendant deux heures, mais ils ont repris le feu vers
« le soir. Une portion de leurs batteries a été dé-
« truite ; il ne resterait pas pierre sur pierre, si les
« bancs qui entourent l'entrée du port nous eussent
« permis de nous approcher à quatre ou cinq cents
« mètres, tandis qu'en moyenne nous étions à en-
« viron quatorze ou quinze cents mètres. On a lancé
« quelque chose comme vingt-quatre mille boulets. »

Voici enfin sur cette même affaire le récit d'un
officier à bord du *Primauguet* :

« Un feu roulant et des mieux nourris fut d'abord
« engagé par la *Ville-de-Paris*, amiral Hamelin, le
« *Montebello*, le *Friedland*, le *Marengo* et le *Charle-*
« *magne*. Les autres vaisseaux ouvrirent leur feu un
« peu plus tard. Nous avions remarqué la *Ville-de-*
« *Paris* qui arborait à midi et demi le signal de
« branle-bas.

« Notre corvette reçoit l'ordre d'envoyer ses ca-
« nonniers pour renforcer ceux du vaisseau-amiral.
« Le commandant nous adresse une courte et vive
« allocution, que nos matelots saluent d'un triple
« hourra. A peine sommes-nous à bord de la *Ville-*
« *de-Paris* que le signal de commencer le feu est
« arboré au grand mât, aux cris de Vive l'Empe-
« reur ! Vive l'amiral ! qui retentissent sur toute la
« ligne de bataille. C'est à ce moment que le feu
« commence ou plutôt éclate avec une force à faire
« pâlir les grondements du tonnerre. Les boulets et
« les obus tombent partout et criblent les mâtures,
« l'ardeur de nos matelots ne fait que grandir, et
« leurs joyeux lazzis interrompent seuls le bruit du
« canon. A deux heures une bombe éclate sur la du-
« nette de la *Ville-de-Paris*, emportant plusieurs bor-
« dages du pont. L'amiral Hamelin n'était pas à trois
« pas de là ; un lieutenant de vaisseau, M. Sommel-
« lier, est coupé en deux ; un autre officier, M. Zédé,
« a les deux jambes emportées. M. Courchid, élève
« égyptien au service de la France, et M. de la Bour-
« donnais, sont aussi parmi les morts. Le *Primau-*
« *guet* a reçu une grêle d'éclats de vitres et une in-
« finité de débris lancés de la dunette de la *Ville-de-*
« *Paris*.

« Le bombardement n'a cessé qu'à cinq heures du
« soir, heure à laquelle les vaisseaux sont allés re-
« prendre leur mouillage de la Katcha. Il s'est tiré
« à bord de la *Ville-de-Paris* au moins quatre-vingts
« coups par pièce, c'est-à-dire quatre mille huit
« cent coups. Les trois-ponts le *Friedland* et le *Mon-*
« *tebello* se sont fait remarquer par la rapidité de
« leur tir : c'était un feu roulant qui s'est maintenu
« avec la même vigueur depuis le commencement
« jusqu'à la fin de l'action. Pendant tout le temps
« qu'a duré le combat, chaque navire avait arboré
« ces signaux : « La France nous regarde ! » Le feu
« était tellement nourri, la fumée tellement épaisse,
« qu'il nous a été impossible de reconnaître les dé-
« gâts causés aux fortifications ennemies. Toutefois

« ils ont dû être considérables ainsi que les pertes
« en hommes. Les Russes se sont battus avec achar-
« nement. Leur feu n'a cessé qu'au moment de no-
« tre appareillage. Quant à nous, nous sommes en
« train de réparer nos avaries, brûlant de recom-
« mencer la partie. »

Il résulte de tous ces récits que la défense des
Russes fut des plus vigoureuses. Pendant plus d'une
heure, le feu de l'escadre française les domina tellement qu'ils quittèrent leurs pièces, mais ils revinrent bientôt au combat qu'ils continuèrent en déses-
pérés. Les officiers alliés regrettèrent beaucoup que
le peu de fond des approches des batteries exté-
rieures de Sébastopol, ne permit pas à leurs vaisseaux de s'approcher davantage; à cinq cents mètres leur artillerie aurait tout détruit. Les forts russes étaient toutefois écrêtés et démolis en plusieurs
endroits.

Notre marine avait noblement fait son devoir, et
fidèle à ses traditions d'intrépidité indomptable, elle
ne s'était retirée que devant des obstacles pour le
moment insurmontables.

Le *Henri IV*, après avoir ainsi pris une large part
au bombardement de Sébastopol par les deux flottes
combinées, fut envoyé à Eupatoria pour relever
l'*Iéna*; cette rade, ainsi que la place, étaient depuis
quelque temps le point de mire des attaques des
Russes, qui paraissaient attacher le plus grand prix
à l'occupation de cette position importante. Le capitaine Jéhenne, avec ses formidables batteries et son
équipage composé de matelots intrépides, étant bien
l'homme qu'il fallait pour prêter main-forte à la garnison d'Eupatoria, et tenir les ennemis en respect.
Ce brave marin, sous l'influence de tristes pressen-
timents qui devaient malheureusement se réaliser
bientôt, écrivait quelques jours après au vice-amiral
Hamelin :

« Je me considère comme en perdition sur la
rade d'Eupatoria, lorsque viendra un coup de vent
sud-ouest. »

Le capitaine Jéhenne prévoyait-il, avec ses ins-
tincts de marin expérimenté, l'effroyable tempête
qui éclata dans la mer Noire le 14 novembre 1854?
Il y a dans la vie humaine, surtout dans la carrière
navale, des faits mystérieux dont il est impossible de
se rendre compte.

Le pont Euxin, aujourd'hui mer Noire, était re-
gardé par les anciens navigateurs comme le séjour
habituel des ouragans et des tempêtes. La Tauride
et la Chersonnèse, aujourd'hui Crimée, étaient des
plages inhospitalières où les malheureux naufragés
périssaient sous le couteau de sacrificateurs voués
au culte des divinités implacables.

Mais de mémoire d'homme on n'avait vu une tempête pareille à celle qui éclata le 14 novembre. Pendant toute la matinée du 13, disent les rapports officiels, il venta grand frais et le vent mollit sur les
six heures; la nuit fut bonne; mais le baromètre,
qui baissait rapidement, inspirait à tous de sérieuses
inquiétudes. Le 14, à six heures et demie du matin,
il était descendu à sept cent quarante millimètres :
aussitôt le temps se mit à grain, la brise fraîchit gra-

duellement et hâla le S.-E. A sept heures, la tempête se déclara.

Depuis ce moment elle augmenta de minute en
minute. De neuf heures à midi, elle fut à son pa-
roxysme et tourna en ouragan. Le vent était si fort
qu'il volatisait la mer et rendait sa surface aussi
blanche que si elle eût été couverte d'une couche de
neige. A plusieurs reprises, la poussière de la mer,
soulevée par un vent furieux, inonda l'atmosphère à
une hauteur énorme, entoura les vaisseaux, qui paraissaient plongés dans les nuages, leur déroba la
vue du ciel et de la mer, et s'abattit sur eux en
trombe formidable.

Un de ces effets dura une demi-heure. Pendant ce
temps, la tourmente fut si terrible qu'elle coucha
par terre, à plusieurs reprises, toutes les personnes
qui se trouvaient sur les dunettes, et qu'elle souleva
plusieurs officiers, qui furent obligés de se faire
amarrer afin de pouvoir continuer leur service. Il
était neuf heures et demie lorsque ce phénomène
commença, et, pendant toute sa durée, il fut impossible de rien distinguer sur les vaisseaux au delà
d'une portée de quelques mètres.

Pendant cette fatale journée, la rade et la plage
d'Eupatoria ne cessèrent d'offrir le plus sinistre aspect.

Des milliers de Cosaques, des positions qu'ils occupaient autour de la place, voyaient tout ce qui se
passait dans la rade, l'agitation de la mer, les navires échoués; ils espéraient sans doute surprendre
Eupatoria pendant cette tourmente; mais, grâce aux
bonnes dispositions arrêtées depuis longtemps par
le commandant français, ses défenseurs étaient tous
à leurs postes, et quand l'ennemi parut, il trouva
chaque batterie prête à riposter à son feu.

Ce fut alors que commença le combat d'artillerie
qui dura plus d'une heure, sans que le feu se ralentît
un seul instant, et dans lequel les Russes présentè-
rent en ligne quatorze pièces de fort calibre. Derrière l'artillerie, plus de six mille hommes se trouvaient en réserve, prêts à se porter contre la ville,
dans le cas où l'enceinte présenterait quelque côté
vulnérable; mais, après une lutte d'une heure, l'artillerie ennemie fut obligée de battre en retraite.

Ce combat fit d'autant plus d'honneur à la garnison d'Eupatoria, qu'elle était numériquement très
faible, en égard au nombre des assaillants et au développement de l'enceinte qu'elle avait à défendre.
Cette garnison, composée de deux compagnies d'infanterie de marine, de la compagnie de débarquement du *Henri IV*, de quelques Turcs, des équipages du *Bellérophon* et du *Léander*, en tout huit cents
hommes environ, tint tête à des forces dix fois plus
considérables.

Pendant que les hommes du *Henri IV* contri-
buaient ainsi pour une longue part à la glorieuse défense d'Eupatoria, les officiers et l'équipage de ce
beau vaisseau prenaient les dispositions les plus
énergiques pour mettre le littoral à l'abri de nouvelles tentatives de la part de l'ennemi. Le jeune as-
pirant de marine, de Villeneuve, de l'état-major du
Henri IV, héritier d'un nom devenu historique dans

l'histoire de nos gloires et de nos désastres maritimes, défendait noblement l'honneur de son pavillon ; mais nous aurons bientôt à déplorer la mort de ce jeune officier, et avant d'arriver aux récits de deuil, surtout à la funeste tempête du 14 novembre, tâchons de recueillir, dans la chronique du bord, quelques-uns de ces traits qui caractérisent le marin français.

Trois jours avant l'attaque d'Eupatoria par les Russes, un canonnier du *Henri IV*, debout sur le pont, sa lunette braquée sur le rivage, suivant dans leurs mouvements quelques bandes de cosaques qui se montraient dans le lointain :

— Et dire que je n'enverrai pas une prune française à ces vilains singes, s'écria-t-il en frappant du pied ! c'est pourtant bien tentant.

— Calcule donc la distance, dit un camarade, et tu verras que ce serait brûler sa poudre aux moineaux : l'espèce n'est pas assez belle, ma foi, pour risquer ainsi un boulet.

— Tiens, tiens, continua le canonnier, vois-tu ces autres là-bas ? Ils s'approchent de la mer... je crois, Dieu me damne, qu'ils vont prendre un bain... Mille sabords ! je grille d'envie d'essayer encore une fois la portée de mon canon.

— Allons donc ! quelle folie ! fit le camarade.

— Ils sont au moins une douzaine, continua le canonnier, après avoir braqué une longue vue dans la direction ; je parie d'en tuer trois.

— Trois Cosaques ! s'écria l'officier de quart.

— Oui, mon lieutenant ; cela dépend de vous. Autorisez-moi à leur décocher une prune avec mon brutal.

— S'il en reste un sur la plage, dit l'officier, je ferai tripler ta ration, ainsi que celle de tous les hommes de ta batterie.

— Ça va lieutenant... Vous allez voir ce que vous allez voir ; dam, le Provençal n'a pas la pépie aux yeux.

Quelques minutes après un boulet labourait la plage à l'endroit où étaient descendus les Russes, et trois Cosaques ne se relevèrent plus.

— Eh bien ! lieutenant, dit le Provençal, z'y n'y en a-t-il trois ?

— Oui, le compte est exact, répond l'officier ; votre ration d'eau-de-vie sera triplée.

Mais revenons à la tempête du 14 novembre, qui fut si fatale aux flottes alliées, surtout au *Henri IV* et au *Pluton* : cette tempête se fit sentir avec la plus grande fureur dans les parages d'Eupatoria. Cette ville, ainsi que nous l'avons déjà dit, était tenue en alerte continuelle par des milliers de Cosaques et menacée d'une attaque sérieuse. Le *Henri IV* et le *Pluton* avaient dû mouiller le plus près de terre possible pour être à portée de défendre les approches de l'est de la place.

Le 11 au matin, une brise N.-O. présageait le beau temps. Sur le signal du *Henri IV*, le *Pluton* envoya deux canots et ses canots-tambours pour embarquer des bœufs à bord du *Lacoisier*. Dans la journée, le baromètre descendit à sept cent quarante millimètres, de même qu'à Sébastopol et à Kamiesch. Enfin, le 14 éclata la tempête qui allait enlever à la

marine française un de ses plus beaux navires, le *Henri IV*.

Ce triste événement, dit le capitaine Jéhenne, dans son rapport au vice-amiral Hamelin, commandant en chef l'escadre de la Méditerranée, fut occasionné par la rupture des quatre chaînes.

Toutes les précautions que conseillait la prudence avaient été prises ; la bouée de l'ancre de bâbord, qui était celle qui travaillait avec les vents du large, avait cent vingt brasses, et le capitaine s'était enfourché N. et S. dès son arrivée. De plus, chaque fois qu'il ventait un peu frais, il laissait tomber l'ancre de veille de tribord, qui était sa meilleure. Il n'avait pas manqué de le faire le 14, lorsqu'il vit la mauvaise apparence du temps. Il fit ensuite caler les mâts de hune, amener les basses vergues sur le porte-lof et mouiller sa seconde ancre de veille, ce qui lui en mettait quatre dehors, c'est-à-dire tout ce qu'il possédait ; en effet, il en avait perdu une à Bat chick, par suite de rupture de chaîne en dérapant, et une autre avait été cassée par un boulet dans le combat du 17 octobre.

Il devait se croire en sûreté, avec quatre fortes ancres dehors, lorsque, dans une très-forte ravale avec sauts de vent, la chaîne de tribord cassa net au partage de la bitte. A onze heures, celle bâbord, qui avait souvent filé chaînon par chaînon et qui était arrivée à cent cinquante brasses au moins, en fit autant. On en vint alors à l'appel de l'ancre de veille de tribord, dont le levier de stoppeur se brisa ; mais la chaîne ayant fait une coque à l'écubier du puits elle tint bon au septième maillon, jusqu'à cinq heures dix minutes du soir, instant où elle cassa dans un violent coup de tangage.

Celle de bâbord, travaillant alors toute seule, ne résista pas une minute, et ce fut avec terreur que le capitaine entendit la double secousse qui lui apprenait que tout espoir de résister à la tempête était perdu, et qu'il ne lui restait plus qu'à aller à la côte, comme l'avaient déjà fait sous ses yeux, dans cette fatale journée, douze ou quinze autres bâtiments, au nombre desquels se trouvaient la corvette le *Pluton*, arrivée depuis quatre jours seulement, et un vaisseau turc portant pavillon contre-amiral.

Certain de n'être plus tenu par rien, le capitaine Jéhenne fit hisser le petit foc pour faciliter l'abattage du vaisseau sur tribord et éviter les navires mouillés à terre à côté de lui ; puis, après les avoir parés, il fit border l'artimon, afin d'aller s'échouer le moins loin possible de la ville et de pouvoir communiquer avec elle sans être inquiété par les Cosaques, qui ne manqueraient pas de venir rôder autour du navire échoué.

La nuit était très-obscure lorsque le *Henri IV* commença à toucher. Le capitaine fit en sorte d'échouer l'avant à terre, perpendiculairement à la côte ; mais d'énormes brisants, prenant le vaisseau par la hanche de bâbord, le portèrent petit à petit, pendant toute la nuit et même le 15 dans la matinée, dans une direction presque parallèle au rivage ; le sable mouvant remplaçant à l'arrière la souille, à mesure que la carène se déplaçait dans son agitation continue, il en résulta, chose incroyable, que le navire fut déjaugé de quatre mètres et demi à l'arrière et de quatre mètres à l'avant, et qu'il ne se trouva qu'à soixante mètres du rivage.

Voici quelle était la situation du *Henri IV*, le 15 novembre, au moment où le capitaine adressa son rapport au vice-amiral Hamelin.

Incliné un peu sur tribord, presque parallèlement à la côte, le cap au N.-N.-E., la sonde indique trois mètres 35 centimètres à l'arrière, deux mètres trente centimètres à l'avant, quatre mètres sur le revers à tribord.

Le *Henri IV* avait son gouvernail démonté, ses ferrures brisées, de même que celles de l'étambot; il n'avait plus d'autres ancres que celles à jets. Deux des bouts de chaîne restés à bord étaient engagés sous la quille; la chaloupe était à la côte; le grand canot, le canot-major et la baleinière se trouvaient entièrement hors de service. Les deux canots moyens avaient été aussi jetés à la côte à Eupatoria, où ils étaient occupés, le 14 au matin, pour l'embarquement des bœufs.

La mâture était intacte. Le capitaine fit déverguer les voiles et envoyer en bas les vergues et manœuvres courantes. Au moyen d'un youyou, il put établir un va-et-vient avec la terre; mais la mer était encore trop grosse pour entreprendre le sauvetage de cent dix malades qu'il avait à bord. Il dut se contenter de faire passer au commandant supérieur d'Eupatoria des munitions pour obusiers de montagne, en remplacement de celles qu'il avait employés, la veille, avec succès, contre la cavalerie russe.

Les batteries du *Henri IV* restèrent chargées, et il eut l'occasion dans la matinée du 15, de faire usage des caronnades pour faire rebrousser chemin à une cinquantaine de Cosaques qui s'avançaient au galop pour s'emparer des hommes du youyou restés à terre, et qui ne pouvaient réussir à remettre à flots cette petite embarcation.

« Voilà, écrivait le capitaine Jéhenne au vice-amiral Hamelin, la situation actuelle du *Henri IV*, de ce beau vaisseau dont j'étais si fier.

« J'espère que ma santé se soutiendra assez pour me permettre d'accomplir jusqu'au bout les devoirs que j'ai à remplir envers l'État et envers mon équipage; quant à mon courage, il ne faillira pas. »

Le 15 au matin il n'avait pas encore pu communiquer directement avec le commandant du *Pluton*; mais un officier était venu sur la plage et lui avait fait dire par un de ses matelots, que son navire étant défoncé et son entrepont envahi par la mer, il l'avait évacué sans perdre un seul homme.

« Je n'évacuerai pas mon vaisseau, continuait le capitaine Jéhenne, tant qu'il en restera un morceau pour me porter et y faire flotter les couleurs nationales. J'attends, amiral, les secours qu'il vous sera possible de m'envoyer, afin de sauver, en fait de vivres et de matériel d'armement, tout ce que je pourrai.

« Mon équipage, affaibli considérablement par les détachements que j'ai fournis, tant pour le siége de Sébastopol que pour la garnison d'Eupatoria, se trouve réduit à un petit nombre de matelots valides d'où il résulte que les moindres travaux sont pour nous très-difficiles. Du reste, amiral, je suis heureux de le dire, mon équipage est admirable de zèle et de discipline; chaque homme tâche de doubler sa force et vole à mon moindre mouvement. Quant aux officiers, ils me secondent en tout, avec cette parfaite entente du service et le dévouement de cœur dont je vous ai si souvent en retenu dans d'autres circonstances. Tout le monde a fait et fera son devoir jusqu'à la fin, avec la plus entière abnégation. Si la marine perd un de ses plus beaux vaisseaux, on ne peut s'en prendre qu'à la tempête, qui a été plus forte que nous, et nous a jetés à la côte malgré tous les moyens employés pour lui résister. »

Le *Henri IV* n'était nullement endommagé, mais on avait la triste conviction qu'il ne pourrait être retiré que très-difficilement. Il se trouvait enfoncé dans le sable de quatre mètres à l'avant et de deux mètres et demi à l'arrière. Dès le 16, on commença d'en enlever les munitions, et les objets qui pouvaient être immédiatement utilisés pour les autres navires.

« Le *Henri IV*, écrivait-on d'Eupatoria le lendemain du sinistre, a creusé sa souille dans le sable de la plage, au S.-E. de la place. Il est là comme une citadelle avancée; sa position dans la lagune de sable qui sépare la plage du grand lac salé, est excellente pour commander Eupatoria du côté du sud. Déjà la cavalerie ennemie, qui rôde dans les environs, l'a éprouvé à ses dépens. »

Le vice-amiral Hamelin, après avoir reçu le rapport du capitaine Jéhenne, fit débarquer cinquante-cinq bouches à feu du *Henri IV*, cinq cents marins fusiliers et trente chefs de pièces, qui furent appelés à coopérer conjointement avec les troupes de terre. Le sauvetage s'effectua avec le plus grand ordre, et les objets sauvés furent placés sur la *Sirène*.

Le capitaine Jéhenne ne quitta son vaisseau que le 17 décembre; le *Henri IV* conserva un détachement de marins, sous le commandement du lieutenant de Lascazes.

Le *Véloce* transporta le capitaine Jéhenne et son état-major à Kamiesch, d'où il partit immédiatement pour Constantinople. Il était accompagné de MM. Cuisinier-Delisle, Barry et Alquier, lieutenants de vaisseau de quart; il se rendait en France, pour rendre compte au conseil d'amirauté de la perte du *Henri IV*.

Ce vaisseau, passé à l'état de ponton-citadelle, a rendu jusqu'à ce jour les plus grands services à la garnison d'Eupatoria.

Ajoutons, en terminant l'histoire du *Henri IV*, que le capitaine Jéhenne, traduit devant le conseil d'amirauté, a été acquitté dans les termes les plus honorables pour lui, pour ses officiers et pour son équipage. Tout le monde a fait son devoir jusqu'au bout; mais l'habileté et l'intrépidité de l'homme sont impuissantes contre les fureurs de la mer.

J.-M. CAYLA.

FIN DU HENRI IV.

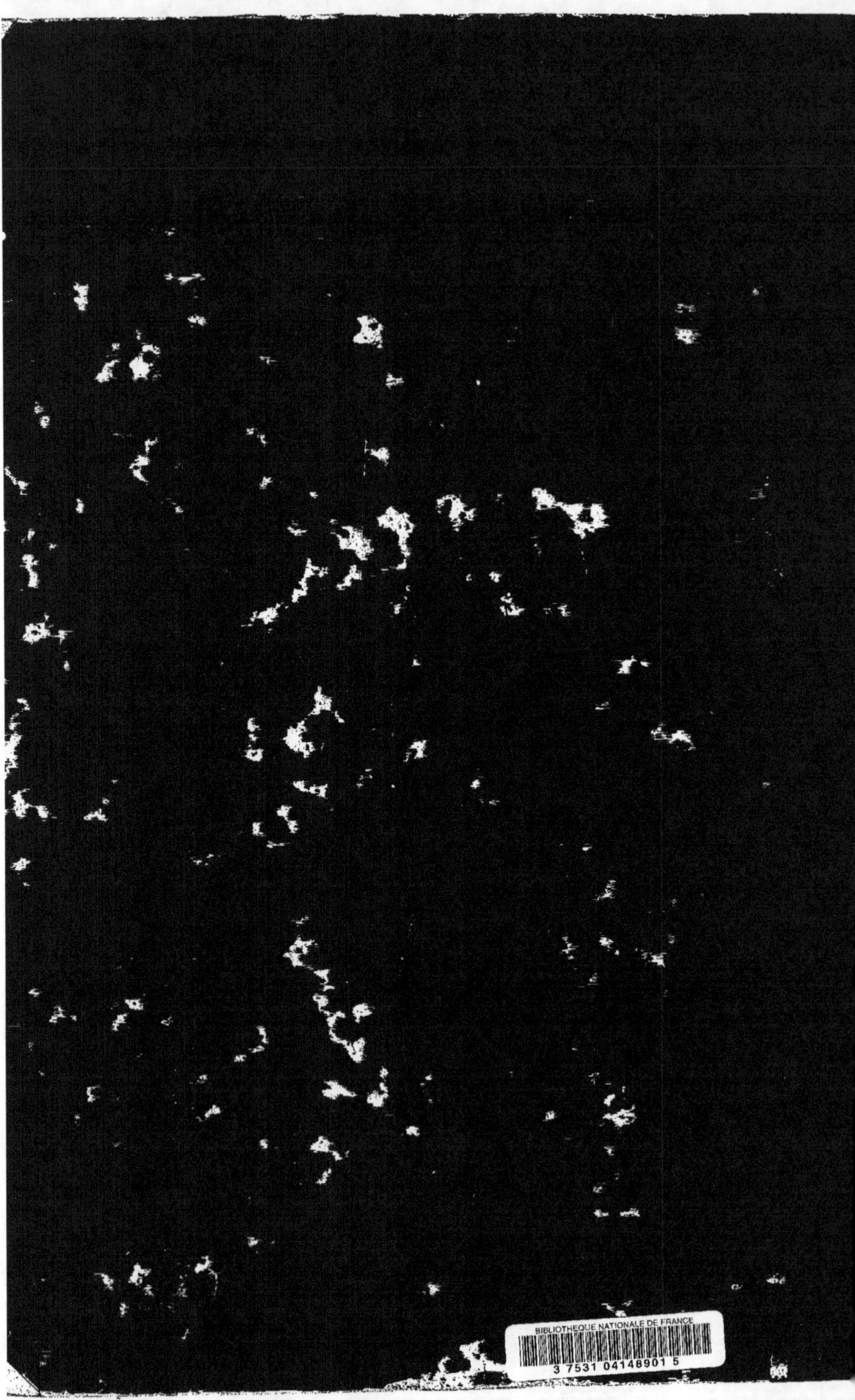